부산 선비, 근대 일본을 목격하다

동도일사

동도일사

부산 선비, 근대 일본을 목격하다

초판 1쇄 인쇄 2017년 6월 25일 \ **초판 1쇄 발행** 2017년 6월 30일
지은이 박상식 \ **옮긴이** 부산박물관 \ **펴낸이** 이영선 \ **편집 이사** 강영선 \ **주간** 김선정
편집장 김문정 \ **편집** 임경훈 김종훈 하선정 유선 \ **디자인** 김회량 정경아
마케팅 김일신 이호석 김연수 \ **관리** 박정래 손미경 김동욱

펴낸곳 서해문집 \ **출판등록** 1989년 3월 16일(제406-2005-000047호)
주소 경기도 파주시 광인사길 217(파주출판도시) \ **전화** (031)955-7470 \ **팩스** (031)955-7469
홈페이지 www.booksea.co.kr \ **이메일** shmj21@hanmail.net

ISBN 978-89-7483-865-2 03910
값 10,900원

이 도서의 국립중앙도서관 출판시도서목록(CIP)은 e-CIP 홈페이지(http://www.nl.go.kr/ecip)에서
이용하실 수 있습니다.(CIP제어번호: CIP2017014471)

부산 선비, 근대 일본을 목격하다

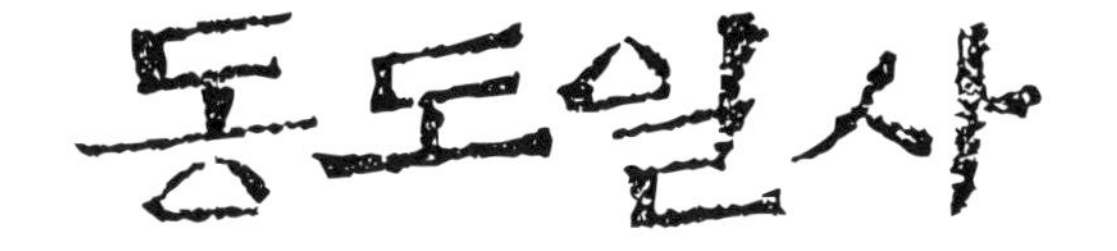

박상식 지음 · 부산박물관 옮김

서해문집

머리말

서해문집의 '오래된책방' 시리즈의 21번째로 출간된 이 책은 2012년 부산박물관에서 발간한《동도일사》를 재편집해 출간한 결과물입니다.

《동도일사》는 저자의 후손이 소장 중인 것을 지난 1982년 당시 부산대학교 사학과의 김석희 교수가 발굴하여 영인한 바 있습니다. 그러나 그 후로 이 자료는 학계의 주목을 받지 못했고 존재 자체도 잘 알려지지 않았습니다.

부산박물관에서는 해마다 소장 유물 중 역사자료로서 가치가 높은 유물을 국역해 시민 및 연구자들에게 공개하는 사업을 이어 오고 있었습니다. 그러던 중 우연히《동도일사》를 직접 소장하게 되었고, 그 사료적 가치를 제대로 알리기 위해 한국학중앙연구원 이성주 선생님의 국역과 부산대학교 사학과 김동철 교수님의 해제를 거쳐 〈부산박물관 역사자료총서 1〉로 1차 출간을 하였습니다. 서해문집의 '오래된책방' 시리즈에서 이 책을 재출간하기로 결정한 이유도 이러한 사료의 소중함을 널리 알려야 한다는 동일한 목적의식에서 비롯된 것입니다.

《동도일사》는 1880년 제2차 수신사로 일본에 파견된 김홍집 일행에 향서기로 참여한 박상식이 남긴 사행일기입니다.《동도일사》는 기존의 수신사 관련 기록에는 없는 내용이 상당 부분 수록되어 있어서 제2차 수신사 연구를 위한 귀중한 사료입니다. 비록 출발 당시 2~3일분의 내용이 전하지 않아 아쉬움이 남지만, 사행 전 기간 동안 매일의 동정, 일본 및 청국과의 접촉, 조선과 일본 간의 현안 문제를 둘러싼 교섭 등에 대한 매우 구체적 내용을 담고 있어서 제2차 수신사의 파견목적, 사행단의 일본에 대한 태도, 정사 김홍집의 활동상 등을 자세히 알 수 있습니다. 특히 중앙 관료가 아닌 동래부 향리 출신인 박상식의 시선으로 본 일본의 근대 풍경과 그것을 바라보는 그의 인식을 살펴볼 수도 있다는 점 역시 사료적 가치를 더욱 높게 해 준다고 하겠습니다.

이처럼 의미 있는 사료를 '오래된책방' 시리즈로 출간할 수 있게끔 배려해 주신 부산박물관 관계자들께 다시 한 번 감사드립니다.

2017. 6
서해문집 편집부

《동도일사東渡日史》에 대하여

1880년 제2차 수신사행에 대한 개관

1876년 제1차 수신사행 파견

1876년(고종 13) 2월 일본과 체결한 조일수호조규(일명 강화도조약)는 조선이 제국주의적 국제 질서에 편입되는 시작을 알리는 역사적 사건이다. 조일수호조규 체결 직후인 1876년 2월 22일 수신사로 임명된 김기수金綺秀를 정사로 하는 제1차 수신사는 같은 해 4월 서울에서 출발했다. 이 수신사행은 최초의 근대적 외교 사절단이었다.

1811년 마지막 통신사 이후 65년 만에 공식 사절단이 일본으로 건너갔다. 1763년 통신사가 1764년 일본 본토를 다녀온 이래, 사절단이 112년 만에 도쿄(에도)에 간 것이다. 1868년 메이지유신을 통해 일본이 근대적인 서구 중심의 국제 질서에 편입되었기 때문에, 수신사는 종전의 통신사와는 성격이 달랐다.

김기수는 "수신修信이란 옛 우호를 닦고 신의를 두텁게 하는 것"이라고 했다. 옛 우호는 개항 이전의 전통적인 교린 체제를 의미한다. 조선은 조일수호조규 체결을 전통적인 교린 체제의 회복 또는 연장으로 인식했다. 그러나 당시 조일 관계가 교린 체제와는 다르다는 것을 알고 있었기 때문에 통신사 대신 수신사로 이름을 바꾸었다. 수신사행에 대한 조선의 인식은 혼합적이고 과도기적인 성격을 지니고 있었다. 이에 비해 일본은 새로운 외교 체제의 성립을 강조하면서 수신사행의 절차나 구성을 통신사행과는 다르게 요구했다.

제1차 수신사는 수교 교섭 때 일본이 사절을 파견한 것에 대한 회사回謝(답례)와 수신이라는 명분적인 임무와 함께, 메이지유신 이후 변화된 일본의 정세 시찰과 개화 문물의 탐색이라는 실질적인 임무를 띠고 있었다.

제1차 수신사 김기수의 견문 활동과 보고에 대한 평가는 위정자의 기대에 크게 부응하지 못했다는 부정적인 평가와, 개화 또는 대외 정책을 실시하는 데 중요한 계기를 마련했다는 긍정적인 평가로 나뉜다. 당시에는 아직 개화 정책을 추진할 만한 여건이 조성되지 않아서 제1차 수신사 이후 개화 정책의 추진에 큰 진전은 없었다. 하지만 김기수의 견문은 위정자들이 일본의 상황을 새롭게 인식하는 계기를 마련했다. 그뿐만 아니라 제1차 수신사에 참가한 수행원들은 개화 자강과 외교 정책을 추진하는 데 중요한 역할을 담당했다.

1880년 제2차 수신사행 파견

조선이 근대 서양문물을 수용할 필요성을 절실하게 깨닫는 시점은 1879년이다. 그해 3월 일본은 류큐(琉球) 왕국을 폐지하고 오키나와(沖繩)현 설치를 단행했으며, 청과 러시아 사이에서는 이리伊犁(중국 신장성 천산산맥 중부의 분지)를 둘러싼 분쟁이 일어났다. 청의 실력자 이홍장李鴻章은 조선의 전략적 중요성을 인식하고 원로대신 이유원李裕元에게 서신을 보내서 일본과 러시아가 조선을 침략할지 모르니 서구열강과 조약을 맺고 군사력을 강화하라고 당부했다.

1880년 2월 의정부에서는 수신사 파견을 결정했다. 일본 공사公使가 연례적인 일을 전담하기 위해 조선에 왔으므로 교린의 의리로 보아 사례하는 일이 있어야 한다는 것이었다. 이에 1880년 3월 김홍집金弘集이 수신사로 임명되었다. 제2차 수신사행의 사명은 변리공사辨理公使 하나부사 요시모토(花房義質) 등 일본사절의 내한來韓에 대한 답례와 수신, 일본 물정의 탐색이라는 점에서는 제1차 수신사행과 마찬가지였으나, 양국 간의 주요 현안을 해결하기 위해 파견되었다는 점에서 달랐다.

사행이 파견되기 전, 하나부사 요시모토는 인천 개항과 미곡 금수의 해제, 관세 배상을 요구하는 등 압박을 가했다. 조선 조정은 이들 현안을 절충하기 위해 수신사를 파견한 것이다. 김홍집이 해결해야 할 현안은 첫째 인천 개항과 일본 공사의 주경駐京(공무를 위해 서울에 머무름) 요구를 철회시키도록 절충할 것, 둘째 부산항에서 관세를 징수하도록 교섭할 것, 셋째 미곡 수출 금지를 계속할 수 있도록 절충할 것 등이었다. 아울러 이홍장이 권고한 내용과 관련하여 일본과 러시아의 침략 가능성을 타진하고, 국제 정세를 탐문하며, 일본의 문물을 자세하게 살펴보는 것이었다.

제2차 수신사 김홍집은 일본에서 외교 현안의 절충이라는 막중한 사명 이외에도 일본 측의 권유로 개화 문물을 시찰하고 일본 정계 요인들을 만났다. 그리고 청국 공사관을 방문하여 공사 하여장何如璋, 참찬관 황준헌黃遵憲 등과 국제 정세를 논했다. 이들과 여섯 차례에 걸친 토론을 통해 김홍집은 국제 정세에 눈을 뜨고, 문호 개방과 부국강병책의 절박함을 확실하게 깨달았다. 특히 황준헌은 이 논의 내용에 자신의 지론을 담은《조선책략朝鮮策略》을 지어 김홍집이 귀국할 때 청의 정관응鄭觀應이 지은《이언易言》과 함께 전해 주었다.

김홍집은 사행 중 견문을 기록한《수신사일기》를 남겼다. 여기에는 〈수신사 김홍집 복명서復命書〉, 〈수신사 김홍집 입시연설入侍筵說〉, 〈답서계答書契 등본〉, 〈조선책략〉, 〈대청흠사필담大淸欽使筆談〉, 〈제대신헌의諸大臣獻議〉, 〈아라사채탐사俄羅斯採探使 백춘배白春培 서계〉 등이 수록되어 있다. 이들 자료는《수신사기록》(국사편찬위원회, 1958)에 수록되어 있다. 이들 자료 가운데 중요한 것은 문견별단聞見別單의 성격을 띤 복명서다. 이것은 사행의 노정과 일정, 현안 협상에 관한 보고, 러시아의 군사와 남진 의도, 일본의 해외 정보 수집 노력, 흥아회興亞會, 일본 지리, 인물, 풍습, 메이지유신 이후의 성과, 군사 제도, 교육 제도, 경제 제도 등을 구체적으로 논한 것이었다. 이 보고서는《조선책략》과 함께 조선이 안으로는 자강 정책, 밖으로는 개국 정책으로 정책을 전환하는 데 중요한 역할을 했다.

조선은 왕조의 존립을 도모하는 대책을 마련할 필요성을 절감했다. 이에 1880년 12월 새로운 정책을 추진하기 위해 통리기무아문이라는 기관을 설치했다. 통리기무아문은 청에 군기 제조와 군사 조련에 관한 지식 습득을 위한 유학생을 파견하고, 일본에 여러 제도 등의 시찰 조사를 위한 시찰단을 파견하기로 결정했다. 이에 1881년 4월에는 일본에 조사朝士시찰단을 파견하고, 9월에는 청에 영선사領選使를 파견하는 한편 일본식 군대인 별기군別技軍을 창설했다. 또한 1882~1883년에 미국, 영국, 독일과 수호통상조약을 체결했다. 이는 병자수호조규에 이은 제2의 문호 개방이라고 할 수 있다.

1881년에는 제3차 수신사(정사 조병호趙秉鎬), 1882년에서 제4차 수신사(정사 박영효朴泳孝)가 파견되었다. 1880년대에 개화자강운동이 정부의 정책으로 채택된 것은 4차례에 걸친 수신사의 일본 견문 보고가 중요한 계기가 되었다.

제2차 수신사 사행단의 구성

《고종실록》,《승정원일기》의 고종 17년(1880) 3월 23일 조에는 "김홍집을 수신사에 임명하여 일본국으로 갈 것을 명했다"라는 기록이 있다. 이에 김홍집을 정사로 하는 제2차 수신사 사행원이 구성되었다. 사행원의 명단은《동도일사》,《수신사행등록》에 상세하게 기록되어 있다.《부산부사원고釜山府史原稿》에도《수신사행등록》에 근거하여 수신사 일행의 관직과 성명이 기록되어 있다. 그러나 삼자 사이에는 약간의 차이를 보인다. 이를 정리하면 다음 〈표 1〉과 같다.

〈표 1〉 1880년 제2차 수신사 사행원 명단

직책	전현직 경력/신분	성명	인원	수신사행등록	부산부사원고
수신사修信使	통정대부 예조참의	김홍집金弘集	1		金宏集
당상관堂上官	절충장군	이종무李宗懋	1		
상판사上判事	전前 봉사奉事	김윤선金允善	2		
	전前 훈도訓導	변종기卞鍾夔			
별견한학別遣漢學당상	숭록대부	이용숙李容肅	1		
군관軍官	전前 중군中軍	윤웅렬尹雄烈	2		
	전前 낭청郎廳	최원영崔元榮			

서기書記	사헌부 감찰監察	이조연李祖淵	2		없음
	전前 낭청郎廳	강위姜瑋			
반당伴倘	전前 낭청郎廳	지석영池錫永	2		
	전前 낭청郎廳	김순철金順哲			
별군관別軍官	전前 현감縣監	김기두金箕斗	3		
	출신出身	상직현尙稷鉉			
	한량閑良	임태경林泰慶			
향서기鄕書記		오인섭吳麟燮	2		吳獜燮
		박상식朴祥植			
통사通事		박기종朴琪淙	3		
		박인순朴仁淳		朴仁順	朴仁順
		하기윤河奇允		河奇元	河奇元
행중고직行中庫直		장한석張漢錫	1		
사노자使奴子		익환翌煥	2		
		수영壽榮		없음	없음
절월수節鉞手		진업이陳業伊	2		
		신쾌진申快辰			
일산군日傘軍		한진이韓辰伊	1		
사령使令		안금생安今生	2		
		최정학崔貞學		崔貞鶴	崔貞鶴
나팔수喇叭手		강학이姜鶴伊	2		
		윤시돌尹時突			없음
도척刀尺	노奴	학용學用	2		
	노奴	만식萬植			
주방사환廚房使喚		김기홍金基洪	6	주방고직	주방고직
		전석희田錫喜		주방사환	사환
		김순길金順吉			
		허용이許用伊		許龍伊	許龍伊
		최성구崔聖九			
		최만춘崔萬春			崔萬奉
공장工匠			3	3	3
행중노자行中奴子			13	14	14

교군轎軍			6	6	6
전체 인원 합계			59	59	60

《동도일사》,《수신사행등록》,《부산부사원고》를 비교해 보면,《수신사행등록》과《부산부사원고》에는 인명이 누락된 경우가 있다. 그리고 동일인의 한자가 다른 경우도 있지만, 하기윤/하기원. 최만춘/최만봉처럼 인명이 다른 경우도 있다. 하기윤을 하기현河奇鉉으로 기록한 연구도 있다.《동도일사》에서는 주방사환 6명이 인명이 기록되어 있으나,《수신사행등록》은 주방고직과 주방사환으로,《부산부사원고》에서는 주방고직과 사환으로 구분하고 있다. 전체 인원도 59/59/60명으로 차이를 보인다. 기존의 연구에서는 제2차 수신사행의 총인원을 58명으로 보는 것이 일반적이다.《수신사행등록》과《동도일사》가 59명으로 일치하는 것으로 봤을 때 59명으로 보는 것이 타당하다.

《동도일사》 1880년 7월 3일 일기를 보면 "신문을 얻어 보았더니 머리 제목이《오사카일보(大坂日報)》라고 했고 그 아래에는 일용사무를 열거해 썼는데, 그중에 조선사절朝鮮使節이 와서 고쿠마치(石町) 산쿄로(三橋樓)에 머무는데 인원이 59인이라고 쓰여 있었다."라고《오사카일보》 보도 내용을 소개하고 있다. 이 신문에도 인원수를 59명으로 적고 있다.

〈표 1〉처럼 제1차 수신사는 정사만 있고 부사와 종사관은 없다. 삼사 체제가 기본인 통신사행의 구성원과는 차이를 보인다. 제1~4차 수신사행의 삼사를 정리하면 〈표 2〉와 같다.

제1 · 2차 수신사는 삼사 가운데 정사만 있고 부사와 종사관은 없다. 제3차는 부사가 없다. 네 차례의 수신사 가운데 제4차만 삼사 체제를 갖추었

〈표 2〉 제1~4차 수신사행의 삼사 비교

수신사행	수신정사	부사	종사관
제1차 수신사(1876)	김기수	×	×
제2차 수신사(1880)	김홍집	×	×
제3차 수신사(1881)	조병호	×	이조연李祖淵
제4차 수신사(1882)	박영효	김만식金晩植	서광범徐光範

다. 이것은 제1·2차 사행은 예조의 서계, 제3·4차 사행은 국서를 지참한 것과도 관련이 있다.

개항 이후 파견된 사절단이 가지는 과도기적 성격 때문에 체제가 정비되지 않아서 원역員役의 구성도 계속 변했다. 원역이 대폭 줄고 의례적 성격이 감소하는 등 여러 면에서 통신사행과는 달랐다. 수신사행은 격식에 구애받지 않는 실무형 사절단으로 간소화했다. 제1차 수신사는 총인원이 76명이었다. 제2차 수신사는 의례를 담당하는 인원이 거의 없어진 만큼 숫자가 더 줄었다. 특히 수행원 가운데 군관 윤웅렬, 서기 이조연과 강위, 반당 지석영 등 후일 개화파로서 큰 활약을 하는 인물들이 참여한 점이 눈에 띈다.

〈표 1〉을 보면, 《동도일사》의 저자 박상식은 오인섭과 함께 향서기로 사행에 참여했다. 제1차 수신사행의 정사 김기수의 《일동기유日東記遊》와 반당 안광묵安光默의 《창사기행滄槎紀行》에 따르면 제1차 수신사행의 향서기는 변택호邊宅浩와 강익수姜益洙였다. 그런데 《일동기유》에서는 이들을 '내부소종萊府所從 향서기鄕書記'라고 표현했다. 즉 동래부에서 온 향서기란 뜻이다. 제3, 4차 향서기에 선발된 인물은 알 수 없다. 변택호는 동래부의 작대청 별장과 부청府廳의 부청선생을 역임한 경력을 가지고 있다. 오인섭과 강익수의 경력은 알 수 없다. 박상식도 변택호와 마찬가지로 부청선생을

역임했다. 변택호와 박상식이 부청선생을 역임한 것과 향서기로 선발된 시기의 선후 관계는 현재로선 알 수 없다. 그렇지만 동래부의 상급 향리인 부청선생의 경력과 향서기로 선발된 것은 관계가 깊다고 볼 수 있다.

《동도일사》의 저자 박상식과 그의 직계

박상식의 직계 가계도를 정리하면 다음과 같다. '●' 표시는 동래부의 《부청선생안》에 수록된 인물이다.

〈박상식의 가계도〉

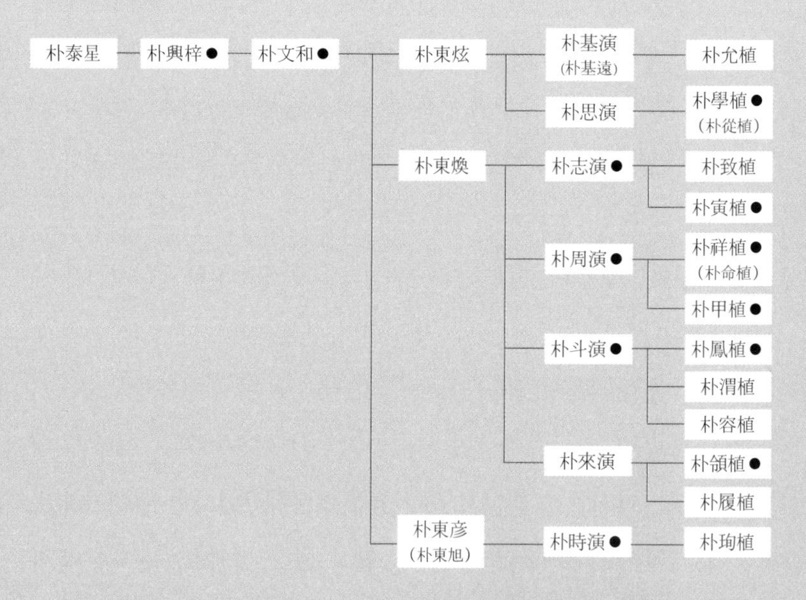

박상식의 본관은 밀양이다. 그의 집안은 경북 칠곡군 왜관읍 석전리에서 세거하다가 동래의 읍내 당동堂洞에 들어와 살았다. 입향조는 박태성朴

泰星이다. 박태성이 칠곡에서 동래로 이거한 구체적인 내력은 알 수 없다. 다만 《가승》에는 상배喪配한 후, 연로한 과매寡妹와 어린 아들 홍재와 함께

〈표 3〉 박상식 직계의 동래부 무임/이임 경력

무청	직임	박태성 朴泰星	박흥재 朴興梓	박문화 朴文和	박동환 朴東煥	박주연 朴周演	박상식 朴祥植
		5대조부	고조부	증조부	조부	부	본인
장관청	중군						
	천총					●	
	파총						
	초관			●	●		
별군관청	행수					●	
	병방						
	군기감관						
	별군관						
	대솔군관						
교련청	기지구기수초관						
	교련관	●					
별기위청	별장						
	백총						
	정						
	영						
	영하						
작대청	별장						
	백총				●		
수첩청	별장						
	백총	●					
집사청	집사						
운도당	행수딥사						
	기지구관						
	기패관						
부청	부청선생		●	●		●	●

동래로 왔다고 적혀 있다. 이 집안은 박태성의 아들 박홍재부터 고손자대까지 모두 24명 가운데 12명이 부청선생을 역임할 정도로 동래 지역의 대표적인 이족吏族 집안으로 자리 잡았다.

박태성-박홍재-박문화-박동환-박주현-박상식으로 이어지는 박상식 직계의 동래부 경력을 정리하면 앞의 〈표 3〉과 같다.

1731년(영조 7) 동래읍성을 수축할 때, 동서남북의 4소로 나누고, 각 소마다 소장所將과 도패장都牌將 아래에 제1~15 패장을 두었다. 박태성은 남소 제2패장을 맡았다. 〈표 3〉에서 보는 것처럼, 박상식의 직계는 6대에 걸쳐 동래부의 무임직이나 이임직(부청선생) 가운데 어느 하나 이상은 모두 역임했다. 특히 6대 가운데 4대가 상급 향리인 부청선생을 역임했다.

박상식은 1845년(헌종 11) 동래부 읍내면 동부 안민리에서 태어나 1882년(고종 19)에 별세했다. 아버지는 장관청 천총, 별군관청 행수, 부청선생을 역임한 박주연이다. 어머니는 중군, 장관청 천총, 작대청 별장, 별군관청 행수, 병방, 수첩청 별장, 부청선생 등을 역임한 이학언李學彦의 딸인 안산 이씨다.

아버지 박주연은 스스로를 죽림竹林거사 또는 병산屛山거사라고 자칭했다. 그가 남긴 《윤대집倫臺集》이라는 문집에 수록된 〈윤대산수가山水歌〉나 〈윤대지리부地理賦〉는 동래 지역의 명소인 오륜대五倫臺와 그 주변 경관을 묘사한 대표적 작품이다. 특히 〈윤대산수가〉는 주자朱子의 〈무이구곡가武夷九曲歌〉를 본떠서 지은 부산 지역의 대표적인 구곡가 작품으로, 그의 문학 세계를 잘 보여 준다. 그는 〈농가월령農家月令 12곡 병풍〉을 주문 제작하기도 했는데, 송암松菴이란 호를 가진 사람이 그린 이 12곡 경직도耕織圖에 직접 시를 지었다. 《시경》〈빈풍칠월편豳風七月篇〉의 내용을 참고한 것이 많은 이 시는 오륜대 주변 농촌 풍경과 농민들의 삶을 잘 묘사하고 있다.

박상식 집안에서는 박상식 본인, 동생, 아버지, 외조부가 모두 부청선생을 역임했다. 아버지는 문집을 남길 정도로 동래 지역을 대표하는 식자층이었다. 박상식이 《동도일사》에 10편이 넘는 자작시를 수록한 것을 보면 상당한 한학 소양을 갖춘 것을 알 수 있다. 이것은 아버지를 비롯한 가학의 영향이라고 생각한다. 부청선생, 무청선생을 역임한 그의 직계 가계의 경력과 가학으로 이어지는 한학의 소양은 박상식이 향서기로 선발된 중요한 이유의 하나였다고 볼 수 있다.

"매일 글 쓰는 데 신경을 쓰면서 나그네의 감회가 아울러 생기는데(《동도일사》 7월 15일)"라거나, "하루 종일 글씨를 쓰다가 마음이 산란하여 절구 하나를 지었다(《동도일사》 7월 20일)."라고 한 것처럼, 수신사 사행에서 기록을 담당하는 향서기의 역할은 중요했을 것이다. 박상식은 이 직책을 수행하면서 견문일기나 공문서를 포함한 《동도일사》를 남겼다.

《동도일사》 개관

제2차 수신사행의 일정과 노정

1880년 2월 9일, 조선 조정에서는 의정부의 주장에 따라 수신사 파견을 결정했으며 3월 23일 김홍집을 수신사로 임명했다. 4월에는 호조에서 수신사 일행에게 지급할 쌀과 옷가지, 여비 등에 관한 별단을 작성해 제출하고, 5월에는 승문원承文院에서 수신사를 보내는 이유 등을 내용으로 하는 중국에 보낼 자문咨文을 짓도록 했다. 5월 28일에는 수신사를 입사하도록 했다. 이러한 절차를 거친 후, 제2차 수신사 정사 김홍집은 5월 28일 고종에게 하직 인사를 하고 서울을 출발했다.

《동도일사》에는 김홍집이 동래 도착, 부산 출발, 귀국 부산 도착 때 각각 올린 6월 15일, 6월 25일, 8월 12일 자의 3차례의 《계초啓草》와 《별단초別單草》가 수록되어 있다. 이 자료와 《동도일사》 일기 내용을 근거로 노정과 일정을 간략하게 정리하면 다음과 같다.

〈표 4〉 제2차 수신사행의 주요 일정과 노정 개관

날짜	노정 및 주요 행사
6.15	동래부 도착
6.22	부산진 도착
6.24	영가대에서 해신제 거행
6.25	협동상사協同商社 선박 지토세마루(千歲丸) 승선
6.26	부산진 출발. 시모노세키(赤間關/赤馬關) 도착
6.27	시모노세키 출발
6.29	고베(神戶) 도착
7.4	와카노우라마루(和哥浦丸) 승선, 고베 출발
7.6	요코하마(橫濱) 도착. 기차로 요코하마 출발 도쿄(東京) 도착
7.8	외무성 방문
7.25	고쿄(皇居) 방문. 천황 만남
8.4	도쿄 출발. 기차로 요코하마 도착. 다카사고마루(高砂丸) 승선. 요코하마 출발
8.6	고베 도착
8.8	지토세마루 승선. 고베 출발
8.10	시모노세키 도착. 시모노세키 출발. 일본 떠남
8.11	부산진 도착
8.12	동래부 도착
8.15	김홍집과 박상식 작별
8.28	김홍집 복명(귀국 보고)

부산을 출발한 수신사의 주요 노정은 부산→ 시모노세키(赤間關/赤馬關)→ 고베(神戶)→ 요코하마(橫濱)→ 도쿄(東京)다. 귀로는 역순이다. 부산과 요코하마 사이는 선박을, 요코하마와 도쿄 사이는 기차를 이용했다. 조선 후기 통신사행의 노정과는 큰 차이를 보인다. 수신사행은 조선 선박 대신에 일본 기선을 이용했으며, 대마도를 경유하지 않았다. 통신사행은 오사카-에도(도쿄) 사이를 육로로 갔지만, 수신사행은 고베-요코하마 사이를 해로로 갔다.

1868년 메이지유신에 의해 성립된 메이지정부는 1871년 폐번치현廢藩置縣을 단행했다. 쓰시마 번은 폐지되고, 이마리(伊萬里) 현에 병합되었다. 1872년에는 초량왜관의 사무를 외무성 소관으로 하고, 옛 대마도의 사절에게는 귀국을 명했다. 외무성이 왜관을 접수함으로써 대마도의 외교권은 상실되었다. 따라서 조선사절이 대마도를 경유할 필요가 없었다.

구성과 내용

《동도일사》는 일기의 마지막 날짜인 1880년 8월 15일 이후 박상식이 병사한 1882년 사이에 편찬된 것으로 보인다. 1982년에는 영인 간행된 바 있다. 영인 간행 당시 이 책을 발굴한 김석희(현 부산대 사학과 명예교수)는 내용, 관련 수신사자료, 자료의 가치 측면에서 상세한 해제를 작성했다. 이 해제에 따르면 1982년 당시 종손 박인규가 소장하고 있던 이 책을 후손 박진호가 가지고 있다가 최근 부산박물관이 소장하게 되었다.

책의 크기는 24×16센티미터이다. 책은 중간에 찢어져 없어진 부분이 있다. 현재는 1책 51장, 102면의 필사본이다. 1면을 10행으로 나누어 서술했다. 《부대사학》(1982)에 수록된 영인본은 영인할 당시 글자가 결락缺落

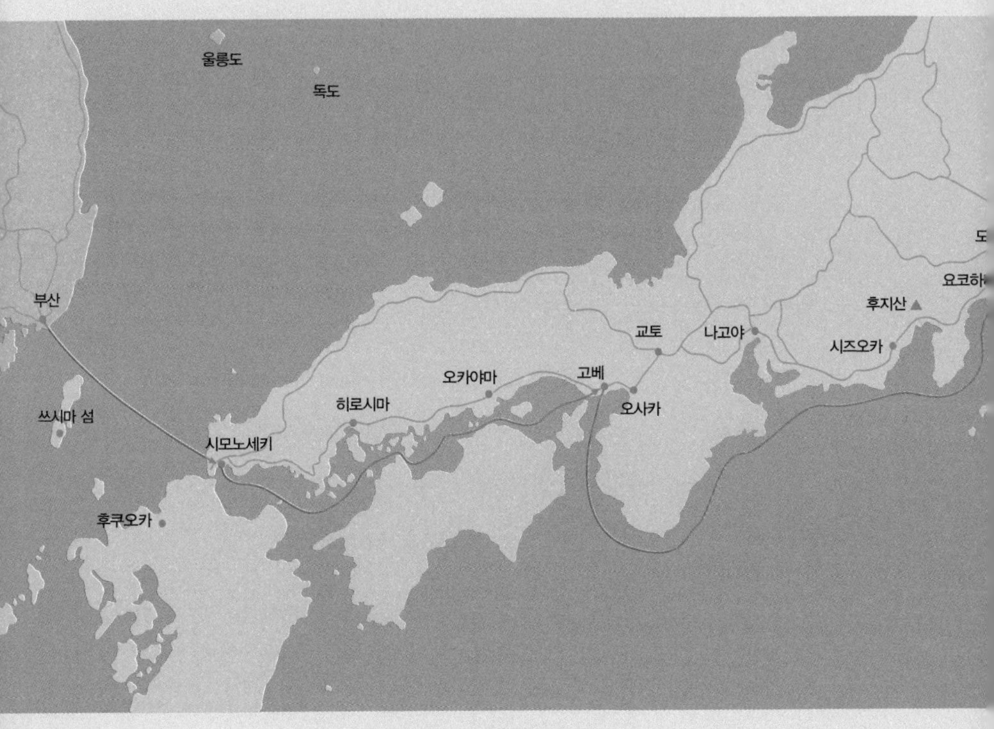

제2차 수신사 이동 경로

된 부분이 있어서 원본과의 대조가 필요하다.

45면의 제10행(마지막 행)과 46면의 제1행(첫 행)에는 글자의 결락이 있다. 김석희의 해제에 따르면, 46면의 제10행 마지막 부분인 '其後果已遣使否'와 그 다음 면의 제1행 첫 부분인 '一至外務省談判' 사이와, 52면의 제10행 마지막 부분인 仍即馳書以卄三과 그 다음면의 제1행 첫 부분인 若曰無關則 사이에 2장이 찢어졌다고 하나, 실제는 그보다 더 많은 장수가 찢어져 없어졌다.

《동도일사》는 크게 3부로 구성되어 있다. 제1부는 박상식 본인의 수신사행 일기로, 일기체로 적혀 있다. 제2부는 정사 김홍집이 일본 외무성 관료와 주고받은 문답으로, 대화체로 적혀 있다. 제3부는 수신사 관련 공문公文으로, 공문 형식체로 적혀 있다. 이 3부의 내용을 정리하면 다음 〈표 5〉와 같다.

제1부 일기 부분은 6월 28일부터 8월 15일까지의 기록이다. 8월 13일, 14일을 제외하면 사행 기간 동안 하루도 빠뜨리지 않고 매일 기록을 남겼다. 전체 46항목이다. 〈표 4〉에서 정리한 것처럼 수신사행은 6월 15일 동래, 6월 22일 부산진에 도착했다. 6월 25일 승선한 후 6월 26일 부산진 출발, 6월 27일 시모노세키를 출발했다. 이 3일간의 일정은 수신사행의 일정이나 노정에서 중요한 부분이다. 그런데 《동도일사》에는 이 출발 부분이 없다. 《동도일사》 원본을 보면 6월 28일 이전 부분이 찢어져 없어지는 바람에 첫 행이 6월 28일 일기부터 시작한다. 이 첫 부분이 실수로 찢어져 소멸된 것인지, 어떤 의도를 가지고 찢은 것인지는 알 수 없다.

박상식은 향서기라는 직책답게 공적인 활동은 물론 개인 활동까지 기록했다. 공식적으로 만난 일본인, 청국인, 방문한 장소, 구경한 거리 등을

〈표 5〉《동도일사》에 기록된 박상식의 활동(제1부)

일기	일자	장소	만난 사람	활동 내용	비고
1	6.28	시모노세키	뱃사람 도쿠로(德郞), 선장	시모노세키 유람, 시詩 지음, 프랑스산 포도주 마심	
			효고 현(兵庫縣) 외무과장 야나기모토 나오타로(柳本直太郞), 오사카(大阪) 속관屬官 히가시하라 가네노리(東原宜謙), 효고 현 육등속等屬 아오키 간(青木幹), 센자키 야고로(專琦彌五郞)	센자키 야고로 집 방문·구경, 연회宴會	센자키 야고로 저택에 대해 상세하게 묘사
2	6.29	고베		동경에 갈 비각선飛脚船을 기다림, 시 지음	
			센자키 야고로	망궐례를 지냄, 대판에 사람을 보냄, 센자키 야고로가 함을 보냄, 시 지음	돌아가는 배편에 집에 편지 부침
			소마 고지(相馬幸治)	소마 고지에게 시 1수 지어 줌, 차운 시 지음	
			부영사副領事 빙소위憑昭煒	《오사카일보(大坂日報)》를 봄, 빙소위와 필담筆談, 고베 시내 관람	《오사카일보》에 조선사절 기사 실림, 고베의 경관 묘사
3	6.3			와카노우라마루 승선, 고베 출발	선실 풍경 묘사
4	7.1			아비루 고사쿠(阿比留廣作)가 배 안에서 사망	
5	7.2	요코하마	외무성外務省 일등속 엔도 이와오(遠藤岩雄), 가나가와 현(神奈川縣) 칠등속 혼다 시즈나오(本多靜直), 팔등속 가와키타 쇼조(川喜多壯藏), 외무성 권대서기權大書記 사쿠라다 지카요시(櫻田親義), 외무소보外務少輔 요시카와 아키마사(芳川顯正), 변리공사辨理公使 하나부사 요시모토(花房義質), 야마노조 히로시(山之城裕), 나가이시 하타사다(長石幡貞)	배 위에서 부묘제祔廟祭를 지냄, 요코하마 도착, 시나가와(品川)-신바시(新橋)-도쿄 도착, 외무성의 접대를 받음, 본원사 숙박	요코하마와 도쿄 경관 묘사, 혼간 사(本願寺) 숙소
6	7.3	도쿄 혼간 사	혼간 사 승려 스즈키 스이후(鈴木彗浮)	스즈키 스이후를 만남	

7	7.4	도쿄	외무성 대보大輔 우에노 가게노리(上野景範), 사쿠라다 지카요시(櫻田親義), 요시카와 아키마사, 하나부사 요시모토	김홍집이 당상관, 하예와 함께 외무성 방문, 서계 전달하고 간단히 문답, 전前 쓰시마(對馬) 도주島主 소 시게마사(宗重正)가 속관을 파견하여 위로함	
			대서기大書記 미야모토 오카즈(宮本少一), 칠등서기관 기타가와 히로시(喜多川廣), 사등속 시미즈 쓰네데쓰(淸水常銕), 팔등속 다케우치 오콘(竹內於菎)	미야모토 오카즈가 숙소 방문, 회담 초안 가져옴, 기타가와 히로시, 시미즈 쓰네데쓰, 다케우치 오콘을 만남	
			이노우에 가오루(井上馨), 하나부사 요시모토	김홍집과 이노우에 가오루의 집 방문, 하나부사 요시모토의 집 방문, 시 지음	이노우에 가오루와 하나부사 요시모토의 집 묘사
			대서기大書記 시마다 사부로(島田三郞), 소좌少佐 우에료 요리카타(上領賴方), 이노우에 가오루, 하나부사 요시모토	이노우에 가오루, 하나부사 요시모토와 천하 형편과 세계 대세에 대해 담화, 박물장博物場(박물관) 관람	박물장 풍경 상세하게 묘사
			속관 호리우치 벤(堀內辨), 일등속 다케다 다다타카(竹田忠質), 이등속 와다 지카요시(和田比義), 하나부사 요시모토	일본인 속관과 만남, 하나부사 요시모토가 회담 초안 가지고 옴	
			소 시게마사	소 시게마사와 만나 담화	소 시게마사 인물 묘사
			소서기小書記 도미타 노부야스(富田冬三), 청淸 참찬관參贊官 황준헌黃遵憲, 양추楊樞	도미타 노부야스, 황준헌, 양추와 만남, 황준헌, 양추와 필담	황준헌과 양추 인물 묘사, 필담 내용
				망궐례를 지냄, 요시와라(吉原) 유곽遊廓 구경	요시와라 유곽 묘사
			청 공사公使 하여장何如璋, 미야모토 오카즈	미야모토 오카즈의 집 방문, 대포놀이 구경	미야모토 오카즈의 집 묘사, 대포놀이 묘사
				공자묘(太學) 방문	공자묘 묘사
			하여장, 청 부사副使 장사계張斯桂, 참의參議 야마다 아키요시(山田顯義)	하여장, 장사계와 필담	지진 발생

			태정대신太政大臣, 원로원 의장 구로다 기요타카(黑田淸隆), 원로원 대서기 모리야마 시게루(森山茂),	태정대신·구로다 기요타카·모리야마 시게루가 방문하여 위로함, 공장 구경	
			대장경大藏卿, 내무경, 우대신左大臣, 하나부사 요시모토, 참의 이토 히로부미(伊藤博文)	대장경·내무경·우대신·하나부사 요시모토·이토 히로부미가 방문, 시 지음	
			하여장	김홍집과 청국 공관 방문	청국 공관 묘사
			문부경, 해군경, 우대신, 4등속 아카지 쓰네카즈(赤治常一), 정육위正六位 미야지마 이치로(宮島一郎)	문부경·해군경·우대신이 방문, 아카지 쓰네카즈·미야지마 이치로가 방문, 김홍집과 구 대마도주 집 방문	
			궁내경	궁내경이 방문, 거리 구경, 동경제일은행국 상인 시부사와 에이이치(澁澤榮一)와 오쿠라구미(大倉組) 상인 오쿠라 기하치로(大倉喜八郞)가 복숭아 등 과일을 보냄	도쿄 거리 묘사
			협동사協同社 사원,	협동사協同社 사원에게 글 써줌, 절 구경, 시 지음	사찰 묘사
			일황, 해군소좌 구로오카 다테와키(黑岡帶刀), 소장少將 아보 기요야스(林淸康), 육군 공병工兵 소위少尉 호리모토 레이이치스케(堀本禮一助)	진하례陳賀禮를 지냄, 고쿄 방문, 해군성 방문	고쿄 묘사, 해군성, 군사시설 묘사
			외무성경外務省卿, 하나부사 요시모토	김홍집과 외무성 방문, 외무성경·하나부사 요시모토와 수세收稅·금미禁米 문제 논의	수세·금미 문제 담화록 초본
			태정관太政官, 각 성관省官	김홍집, 당상관과 원요관遠遼館 방문, 연회, 시 지음	
				각 성에 예물 보냄, 센소 사(淺草寺)와 주변 상점 구경	
			대장성大藏省 성리省吏	대장성 방문, 지폐 제작 구경	윤전기로 지폐 만드는 것 묘사
			육군성 등 각 관리	육군성 방문, 육군교련법 관람	육군 교련법 묘사

			소 시계마사	망궐례, 소 시게마사와 차 마시며 담소, 시 지음	
			우대신 이와쿠라 도모미(岩倉具視)	이와쿠라 도모미의 집 방문, 종자에게 시 지어줌, 짐 부침	이와쿠라 도모미의 집 묘사
			외무성 임원	김홍집과 외무성 방문, 서계 답장 받음, 각성各省의 예물 받음	
8	7.5	도쿄, 요코하마	외무경, 하나부사 요시모토, 모리야마 시게루(森山茂)	외무경이 와서 작별, 숙소 떠남, 대륜차大輪車(기차)로 요코하마 도착, 다카사고마루(高砂丸) 승선	도쿄-요코하마(기차), 요코하마 출발
9	7.6	기이주紀伊州 대도大島		배 타고 가면서 주변 지역 구경	
10	7.7	고베		고베 도착, 전 관소 도착, 관소 사람과 서로 위로함	
				효고 현, 오사카에 사람을 보내 문안, 작별	
11	7.8		우라타 게이(浦田敬)	지토세마루(千歲丸)를 타고 고베 출발, 우라타 게이의 시에 화운	
12	7.9			배에서 일본 풍경 관람	
13	7.1	적관진	협동사 사원	아카마세키 도착, 협동사 사원과 작별, 시 지음, 일본 떠남	화륜선 승선
14	7.11	부산		흑암黑巖 안바다에 정박, 부산 도착, 동래부에 통문	
15	7.12	동래		동래부 도착	
16	7.13	사배현沙背峴	김홍집 등	김홍집에게 작별 인사	

상세하게 서술했다. 그래서 《동도일사》에는 센자키 야고로(專琦彌五郎), 이노우에 가오루(井上馨), 하나부사 요시모토, 미야모토 오카즈(宮本少一), 이와쿠라 도모미(岩倉具視)의 저택, 소 시게마사(宗重正), 황준헌 등 인물, 청국 공

관, 공자묘(태학), 박물관, 고쿄, 사찰, 요시와라(吉原) 유곽 등 특정 장소, 고베, 요코하마, 도쿄 등 도시 경관, 대포놀이, 해군성 군사시설, 육군 교련법, 지폐 제작 등 근대 문물에 대한 기록이 남아 있다. 또한 필담이나 소회로 지은 10여 편의 시도 수록되어 있다. 이는 향서기 박상식이 본 근대 일본의 실상과 이에 대한 인식을 알 수 있는 중요한 자료다.

제2부의 내용은 다음 〈표 6〉과 같다.

〈표 6〉 김홍집과 외무성 관료와의 문답(제2부)

번호	날짜	내용
1	7.6	외무소보 요시카와 아키마사(芳川顯正), 하나부사 요시모토 등이 관소에 와서 주고 받은 문답
2	7.8	역관 등을 데리고 외무성에 가서, 서계를 전하면서 외무대보 우에노 가게노리, 하나부사 요시모토 등과 주고 받은 문답
3	7.8	우에노 가게노리, 하나부사 요시모토가 관소에 와서 주고 받은 문답
4	7.9	외무 대서기 미야모토 오카즈가 관소에 와서 주고 받은 문답
5	7.1	하나부사 요시모토가 관소에 와서 주고 받은 문답
6	7.26	외무성에 가서 이노우에 가오루 등과 주고 받은 문답
7	8.3	이노우에 가오루의 집에 가서 그와 주고 받은 문답
8	8.4	도쿄를 떠날 때 정상형이 와서 작별하면서 나눈 대화

전체 8항목이다. 모두 대화체로 되어 있다. 대화 내용에서 '나(我)'로 지칭된 사람은 박상식이 아니라 수신사 정사 김홍집이다. 김홍집이 외무경 이노우에 가오루, 외무대보 우에노 가게노리(上野景範), 외무소보 요시카와 아키마사(芳川顯正), 외무대서기 미야모토 오카즈, 변리공사 하나부사 요시모토와 문답한 내용이다. 박상식은 향서기로서 문답 내용을 한문체로 받아 적었는데, 속기사와 같은 기능을 했다고 볼 수 있다.

문답 내용은 사행 일정, 노정, 관료 안부, 숙소, 서계 전달, 천황 인견, 장관과의 상견례, 사행의 공무, 서계 내용, 수세 문제, 청국과의 통상, 해관규칙, 세계 형세, 청과 러시아 관계, 신문, 이리伊犁 사건, 항구 규칙, 상세商稅, 인천 개항, 원산항, 미곡 금지, 해관 규칙, 의주義州 세법, 서양 각국과의 수교 등 수신사가 해결해야 할 현안 문제를 비롯한 공적인 내용은 물론 개인의 안부, 명승지 유람 권유 등 사적인 내용까지 망라하고 있다. 대화체로 되어 있기 때문에 현안을 둘러싸고 조선의 수신사 정사와 일본 외무성 관료가 어떤 인식의 차이가 있는가를 잘 보여 주는 자료다.

제3부의 내용은 다음 〈표 7〉과 같다.

〈표 7〉 수신사 관련 공문(제3부)

번호	날짜	공문 내용	비고	관련 자료
1	3.4	의정부에서 동래부에 보낸 공문	전교 내용	《비변사등록》, 《고종실록》(고종 17년(1880) 2월 9일)
2	4.12	동래부사 심동신沈東臣이 부산 일본영사관에 보낸 공문	별간別柬 4개 조항 기록	
3	4.18	5월 25일(양력) 부산 일본영사 곤도 마스키(近藤眞鋤)가 보낸 공문	별록 6개 조항 기록	
4	4.28	부산 일본영사관에 보낸 공문	출발, 발선發船일자 통보	
5	5.2	예조에서 동래부에 보낸 관문關文		《수신사행등록》
6	6.15	계초啓礎	김홍집이 동래부에 도착한 것을 보고	《수신사행등록》, 《동문휘고》
7	5	서계초書契草	예조판서 윤자승이 일본 외무경 이노우에 가오루에게 보낸 서계	《수신사행등록》

8		별록別錄	부산항 수세 문제	《수신사행등록》, 《동문휘고》
9		예단禮單	예단, 사예단, 행중行中예단	《수신사행등록》
10	5.2	의정부에서 연로 각 영읍에 보낸 관문	접대 폐단 금지	《수신사행등록》
11	5.18	의정부가 경상감영에 보낸 관문	수신사행 경비 마련	《수신사행등록》
12	5.27	무위소武衛所에서 보낸 공문		《수신사행등록》
13		영가대 해신제 제문		《수신사행등록》
14	6.25	계초啓草	김홍집의 상계, 상하 인원 후록	《수신사행등록》
15		예단증급처禮單贈給處	효고 현령, 효고 일등속, 외무경, 외무대보, 외무소보, 외무대서기, 외무권대서기, 변리공사, 구대마도주, 대장경, 공부경, 내무경, 해군경, 육군경 등	
16	9.7	답서계答書契	일본 외무경 이노우에 가오루가 예조판서 윤자승에게 보낸 답서계	원문의 메이지 12년은 13년의 오기임. 《동문휘고》, 《수신사기록》(국사편찬위원회, 1958)
17	9.7	별지別紙	외무경 이노우에 가오루가 예조판서 윤자승에게 보낸별도의 서신	《수신사기록》
18	7.7	서간書柬 왕복	수신사 김홍집이 외무경 이노우에 가오루에게 보낸 서신	
19		외무대보外務大輔 내서來書	외무성 외무대보 우에노 가게노리에게서 온 서신	
20	7.23	외무경 내서來書	외무경 이노우에 가오루에게서 온 서신	
21		문견聞見	수신사가 듣고 본 내용	《수신사기록》
22	8.12	계초	김홍집이 부산 출발-도착 때까지 여정 간략 보고	《수신사행등록》

23		별단초別單草	김홍집이 수신사 업무를 수행한 내용을 보고	《수신사행등록》, 《동문휘고》

전체 23개 항목이다. 대부분 공문 형식을 띠고 있다. 의정부, 예조, 동래부, 무위소, 일본 영사관이 발급한 공문, 김홍집의 계초와 문견(보고서), 서계와 답서계, 일본 외무성 관료의 서신 등 공적 문서가 중심이다. 그밖에 부산항 수세 관련 별록別錄, 해신제 제문, 예단증급처와 예단 내용 등 공적 사항을 적은 내용도 있다. 수신사행과 관련된 공문 내용을 정리한 것이다. 날짜나 내용별로 일관성을 가지고 정리한 것은 아니다.

항목의 내용은 서울대 규장각한국학연구원 소장의 《수신사행등록》이나, 국사편찬위원회에서 이미 간행한 《수신사기록》, 《동문휘고》와 전체 또는 부분적으로 상당 부분 일치한다. 그러나 기존의 제2차 수신사 관련 사료에는 없는 것도 있어서 사료적으로 중요하다.

《동도일사》의 사료적 가치

지금까지 제2차 수신사 관련 연구는 《수신사행등록》, 《수신사기록》, 《동문휘고》, 《왜사일기》(1975년 영인), 《김홍집유고》(1976년 영인) 등을 기본 사료로 활용했다. 《동도일사》에는 기존의 수신사 관련 기록에는 없는 내용이 상당 부분 수록되어 있다. 따라서 제2차 수신사 연구를 위한 1급 사료로서, 그 사료적 가치가 매우 크다.

《동도일사》는 1982년 공개되었음에도 불구하고 아직까지 학계의 주목을 받지 못하고 있음은 물론이고 그 존재 자체도 잘 알려져 있지 않다. 이는 작성자 박상식이 중앙 관료가 아닌 동래부 향리 출신이었고, 그가 귀국 직후인 1882년에 사망함으로써 그의 활동상을 발휘할 수 없었기 때문이라고 생각한다.

사행일기의 측면에서 김홍집의 《수신사일기》와 비교했을 때 《동도일사》의 사료적 가치는 더욱 두드러진다. 비록 출발 당시의 2~3일분이 전하지 않는 한계는 있지만, 사행 전 기간 동안의 일정을 하루도 빠짐없이 기록하고 있어 사행일기로서의 사료적 가치가 매우 크다. 특히 사행 그날그날의 동정, 일본과 청국과의 접촉, 조선과 일본 간의 현안 문제를 둘러싼 교섭 내용을 구체적으로 알 수 있다. 또한 조선이 제2차 수신사를 파견한 목적과 일본에 대한 태도가 잘 드러난다. 정사 김홍집의 활동상을 알 수 있는 내용도 다수 포함되어 있다. 그리고 중앙관료의 시선이 아닌 동래부 향리 출신, 즉 지방 중인 출신인 박상식의 눈으로 본 일본 근대 풍경과 그것을 바라보는 그의 인식을 알 수 있는 귀중한 자료다.

조선 후기 12차례 통신사행(3차례의 회답겸쇄환사행 포함)과 개항 이후 4차례의 수신사행을 통해 많은 부산 지역 사람들이 일본을 보고 왔다. 그러나 사행일기를 남긴 사람은 거의 없다. 1763년 통신사행 기록인 《계미수사록》이 작자 미상에서 최근 변탁卞琢이 쓴 것으로 바뀌고 있는 실정이다. 변탁을 포함해서 현재로서는 2명밖에 없다.

일제시기 이전에 부산 지역에서 활동했던 인물 가운데 저작물을 남긴 사람은 그다지 많지 않다. 박주연과 박상식 부자는 각각 《윤대집》과 《동도일사》를 저술했다. 2대에 걸쳐 저작물을 남긴 유일한 사례가 아닌가 싶다. 이 사실 자체만으로도 이들 부자는 부산 지역사에서 주목할 만한 인물이다. 특히 일기에 기록된 10여 편의 시에는 박상식 자신의 시작詩作 수준이나 일본에 대한 인식이 잘 드러나 있어서 저자 박상식을 파악할 수 있는 중요한 자료다.

《동도일사》 표지
부산박물관 소장

제1차, 2차 수신사행 때 통사로 참여한 박기종朴琪淙은 사행일기를 남기지 않았다. 그러나 그는 일본 견문을 토대로 1895년 부산 최초의 근대적 학교인 개성학교의 설립이나 민간인 철도부설운동 등 부산 근대사와 한국 근대사에 큰 족적을 남겼다. 이에 비해 박상식은 부청선생을 역임한 것이 현재까지 알려진 유일한 경력이다. 그의 수신사행 경험이 부산 근대사와 한국 근대사에 어떤 영향을 미쳤는지는 전혀 알 수 없다. 이것이 제2차 수신사에 같이 갔다 온 두 사람의 대비되는 점이다.

통사와 향서기라는 경험과도 관련성이 있을지도 모르지만, 오히려 이런 차이는 박상식이 1882년 사망한 것과 관련이 있다고 생각한다. 사행에 돌아온 후 2년도 지나지 않아 사망한 것이 박상식이 빛을 보지 못한 근본적인 이유일 수 있다. 그가 처음 본 근대 일본과 그가 꿈꾼 근대 조선의 실체는《동도일사》를 통해서 볼 수밖에 없다.

《동도일사》의 국역본 간행은 부산 지역사는 물론 수신사를 비롯한 근대 한일관계사 연구를 위해 중요한 사료를 제공하는 것임에 틀림없다.《동도일사》를 텍스트로 활용하는 연구가 활발하게 이루어지기를 기대하고, 또한 확신한다.

끝으로 해제라는 글의 형식 때문에 인용한 기존 연구성과의 내용에 각주를 달지 않았다. 아래 참고문헌의 연구성과를 그대로 전재하거나, 또는 수정 보완한 부분이 많다. 선행 연구자의 양해를 바란다.

김동철(부산대학교 사학과 교수)

참고문헌

자료

고려대 중앙도서관, 《김홍집유고》(영인자료 3), 고려대학교 출판부, 1976
국사편찬위원회, 《동문휘고》(한국사료총서 24), 1978
____________, 《수신사기록》(한국사료총서 9), 1958
손숙경 · 이훈상, 《조선 후기 동래의 무청선생안과 무임 총람》, 동아대학교 석당학술원 한국학연구소, 2009
한양대학교 국학연구원, 《왜사일기 · 동경일기》(영인본), 아세아문화사, 1975

단행본

국사편찬위원회 편, 《조선이 본 일본》, 두산동아, 2009
금병동 지음, 최혜주 옮김, 《조선인의 일본관》, 논형, 2008
김경태, 《한국근대경제사연구》, 창작과비평사, 1994
도원상공기념사업추진위원회, 《개화기의 김총리》, 아세아문화사, 1978
박기덕, 《윤대집》, 복지출판사, 1985
송병기, 《개방과 예속》, 단국대학교 출판부, 2000
_____, 《근대한중관계사연구》, 단국대학교 출판부, 1987
조항래 외 14인, 《강좌 한일관계사》, 현음사, 1994

논문

김동철, 〈조선 후기 동래부 이족 밀양 박씨 집안과 그 고문서〉, 《고문서연구》 22, 한국고문서학회, 2003
김석희, 〈《동도일사》 해제〉, 《부대사학》 6집, 부산대학교 사학회, 1982
박탄, 《일본 수신사의 사행록 연구》, 강원대학교 대학원 국문학과 박사학위논문, 2009
엄경흠, 〈오륜대와 죽림 박주연의 문학〉, 《동양한문학연구》 15집, 동양한문학회, 2001
이선근, 〈경진수신사 김홍집과 황준헌 저 조선책략에 대한 재검토〉, 《동아논총》 1집, 동아대학교, 1963
이헌주, 〈제2차 수신사의 활동과 《조선책략》의 도입〉, 《한국사학보》 25호, 고려사학회, 2006
_____, 〈동래 지역 〈농가월령 12곡병〉 2점을 통한 조선 말기 경직도의 일 경향 연구〉, 《문물연구》 16호, 동아시아문물연구학술재단, 2009
조항래, 〈경진(1880) 수신사와 조선책략의 파문〉, 《한일연구》 2집, 한국일본문제연구회, 1973
하우봉, 〈개항기 수신사행에 관한 일연구〉, 《한일관계사연구》 10, 한일관계사학회, 1999

일러두기

1 이 책은 부산박물관에서 2012년 발행한 박상식의 《동도일사》(이성주 번역, 김동철 해제)를 재편집한 것이다.
2 본문의 지도와 이미지 등은 편집자가 추가한 것이다.
3 '○'은 원본을 필사하는 과정에서 알아볼 수 없는 글자나 훼손된 부분을 표시한 것이다.
4 원주는 〔 〕로 표시했고, 각주와 ( )는 옮긴이 또는 편집자의 주다.
5 외국 인명과 지명, 기타 용어 표기는 국립국어원 외래어표기법에 따랐으나, 일부는 그대로 두었다.

차 례

일기

6월 28일, 맑음

바람은 잠잠하고 물결도 잔잔해 마음이 무척 기뻤다. 좌우의 산봉우리는 가까운 듯하기도 하고 먼 듯하기도 하며 대나무가 무성하고 인가가 은은한 여기는 이요 주(伊豫州)[1]에 속한 곳이라 한다. 배 안에서 회계를 담당하고 있는 곤도 가쓰노스케(近藤勝之助)[2]가 들을 만한 이야기를 많이 해 주었는데 그가 간청해 시 한 수를 지어 주었다.

하늘 끝에서 땅속까지 동서의 한계가 있는데	乾端地軸限西東
오랜만에 서로 만나니 아침 해가 붉구나	邂逅相逢朝日紅
만 리 길을 같은 배로 오며 정이 두터워져	萬里同舟情意厚
글자 하나로 얼굴 알고 이름이 통해졌네	一書知面姓名通

1 지금의 에히메 현.
2 1868~1935. 메이지시대의 사업가.

배 안의 살림 맡으니 재주가 대단하련만　籌傳帷幄才應大
사신의 배 끝자리에 붙어 있으니 갈 길이 궁색해지려 하네　尾附星軺路欲窮
훗날 부산항에서 만날 것을 분명히 기약했는데　後約分明釜港在
한가을 새로 뜬 달이 하늘에 가득 차 있구나　中秋新月滿蒼穹

점점 동쪽 바다로 향해 나가며 바라보니 남기嵐氣[3]가 자옥한데 별이 바둑돌을 놓은 듯 늘어서 있었다. 이곳은 아키 주(安藝州)[4] 지역이라 해서 시모노세키(馬關)임을 알고 시를 지었다.

어두울 무렵에 적관진赤關津[5]에 와서 정박하니　乘昏來泊赤關津
검은 옷의 원주민이 차례로 따르네　前導緇衣次第因
수각의 홍등은 대낮처럼 밝은데　水閣紅燈明似晝
길가의 정자와 넓은 길엔 먼지도 없이 깨끗하구나　街亭白道淨無塵
상가에는 강남의 보화가 쌓여 있고　通商家貯江南寶
손님의 밥상에는 해외 진미가 올라 있네　供客盤登海外珍
모습은 서로 다르지 않으나 언어는 다르니　狀貌不殊言語異
가까워지려 해도 친해질 수 없네　縱能相近未能親

도쿠로(德郞)라는 뱃사람은 낯이 익게 늘 접해 왔는데 책 한 권을 가지고 와 내게 보여 주었다. 바로 그 나라 외사外史[6]였다. 고맙다는 말을 몇 자 적

3　이내. 해 질 무렵 멀리 보이는 푸르스름하고 흐릿한 기운.
4　지금의 히로시마 현 서부.
5　시모노세키의 옛 이름.

어 주었다.

좋은 책을 나에게 보라고 하니 佳篇要我覽
그대 또한 책 읽는 사람이구려 公亦讀書人
만 리 길 같은 배를 타고 온 정의는 萬里同舟意
잊을 때가 없으리라 應無可忘辰

또 두 물건을 보고 시를 지었다.

판옥板屋의 부연附椽은 괴상한 돌이런가? 板屋緣崖疑怪石
돛을 달고 바다를 떠다녀도 날아가는 비둘기와 비등하네 布帆浮海等飛鷗
이 밖에 볼 만한 것이 적지 않음을 알겠는데 此外奇觀知不少
그대의 요청으로 자주 이야기를 주고받는다네 爲君要請輒相酬

선장이 술과 안주를 올리니, 맛보지 못한 프랑스의 포도주였는데 과연 기막히게 좋은 맛이었다. 지나온 좌우의 산 능선에는 밑에서 꼭대기까지 밭을 일구어 기장과 콩을 심어 파랗게 볼거리를 제공하는데 그림 속 풍경 같았지만 이를 보면 섬사람들에게 곡식이 귀하다는 말을 묻지 않아도 알 수 있었다.

---

6 외국의 역사 또는 사관이 아닌 사람이 기록한 역사.

6월 29일, 새벽에 비가 내리고 아침에 맑게 갰다

사시巳時(오전 9~11시)에 셋쓰 주(攝津州)[7]의 고베(神戶) 항에 도착했는데 시모노세키까지의 거리는 1700리라 한다. 효고 현(兵庫縣) 외무과장 야나기모토 나오타로(柳本直太郎),[8] 오사카(大阪) 속관屬官 히가시하라 가네노리(東原宜謙), 세이쿄(西京)[9] 속관 가타야마 마사나카(片山正中)가 배 위로 와서 위로해 주었다. 작은 배를 끌고 연안에 올라 인력거를 바꿔 타고 몇 리쯤 와서 여관에 도착하니 대상大商 센자키 야고로(專琦彌五郎)의 집이었는데 근년에 새로 지었다 한다. 윗집은 10여 평은 충분하겠는데 높이가 3층이고 담벼락은 푸른 황토를 발라 채색 종이를 바른 듯했다. 위층에도 변소가 있었는데 더러운 냄새가 전혀 나지 않았다. 후원에 가산假山[10]을 쌓고 기이한 나무와 괴상한 소나무를 많이 심었는데 모두 새로 심은 것이었다. 물을 뿌리는 사람을 두고 아침저녁 파도가 일어나도 마르지 않게 했고, 아래에는 돌로 1무畝[11]가량 연못을 만들어 붉은 비늘의 물고기 수백 마리를 기르고 있었고, 앞뜰 계단에는 일종의 소철나무를 심었는데 대들보만큼이나 커서 무척 기이했다. 먼저 단 과자와 술과 차를 올리고 이내 점심밥을 올리면서 세 소녀에게 시중들게 했는데 모두 아리따운 모습이었고 반찬 맛이 깨끗하고 담백해 배불리 먹을 만했다. 조금 지나서 장무관掌務官[12]을 효고 현에

---

7 지금의 오사카 시를 포함한 오사카 부 북부와 고베 시 일부를 포함한 효고 현 남동부 지역. 주州는 일본의 옛 행정 구역 단위다.

8 1848~1913. 메이지시대의 교육가.

9 지금의 교토.

10 정원 등을 꾸미기 위해 만든 산 모형물.

11 땅 너비 단위로, 1무는 약 99제곱미터.

12 사행 중 삼사신三使臣을 도와 직접 사무를 도맡아 보는 관원. 장무역관掌務譯官·장무통사掌務通事라고도

1800년대 고베 항을 묘사한 그림

답방으로 보내니 현령縣令이 육등속六等屬 아오키 간(靑木幹)을 보내 빈연賓筵[13]을 주선하게 했는데 순사巡査 몇 사람도 역시 문밖에서 호위했다.

6월 30일, 맑음

밤이 되면서 바람이 거세지고 흰 파도가 하늘을 뒤덮었는데 그 사람들이 선박이 늦기 전에 돌아온 것을 많이 하례했다. 주방에서 밥을 올리기 시작했는데 날이 지체되었기 때문이다. 장무관을 세이쿄에 답방으로 보

한다. 특히 역관 중에서 1인을 뽑아 정했고, 사행 도중 문제가 발생했을 때 일본 측에 알리는 일 등을 전담했다.

13 손님을 대접하는 자리.

냈는데 여기서부터 거리가 230리가 되는 철로鐵路다. 선장이 이번 화선火船은 작아서 대양大洋을 빨리 달릴 수 없으므로 비각선飛脚船[14]을 기다려 떠난다는 뜻을 아뢴 것을 설관舌官[15]이 와서 말하는데 잠시 머무를 계획이라기에 그동안 본 일을 즉석에서 시로 지었다.

버드나무 늘어선 길에 돌바닥 길 비꼈는데　　楊柳街頭石逕斜
분칠한 담장의 이층집은 누구의 집이던가　　粉牆重屋是誰家
아녀자는 처음 보는 손님 꺼리지 않고　　兒女不嫌生面客
낭랑한 웃음으로 꽃병에 가득 찬 꽃을 올리는구나　　娘娘笑進滿瓶花

이날 밤 사경四更(새벽 1~3시)에 관루館樓[16] 위에서 담제禫祭[17]를 지냈다.

7월 1일, 맑음

먼동 틀 때 망궐례望闕禮[18]를 지냈다. 서기書記를 100리 떨어진 오사카에 답방答訪으로 보냈는데 역시 기찻길이었다. 주인主人 센자키(專崎)란 사람이 함函 하나를 가지고 와 보이면서 말하기를 금년 여름에 우리 황상皇上께서 서쪽 지방을 순시하는 길에 이곳에 머물러 하루 주무셨는데 삼조대신三條大臣이 모시고 와서 준 것이라면서 열어 보였다. 그 안에는 종이로 싼 상서

14　에도·메이지시대 초기의 작은 배. 에도시대 주요 항구 간에 긴급한 용건이 생겼을 때 사용했다.
15　통역을 담당하는 역관을 다르게 이르는 말.
16　궁문이나 성문 따위의 바깥문 위에 지은 다락집. 문루門樓.
17　3년의 상기喪期가 끝난 뒤 상주가 평상으로 되돌아감을 고하는 제례 의식.
18　음력 초하루와 보름에 각 지방의 관원이 궁궐 쪽을 향해 절하던 의식.

上書와 어사금御賜金[19] 1000원圓, 술잔 하나가 들어 있고 옥색玉色 비단에 쓴 글씨는 서법書法이 힘차서 한참 동안 감상하며 영광스러운 일이라고 칭찬하니 주인이 크게 기뻐했다. 이것은 고베의 한 부잣집에 국황國皇이 몸소 와서 하루 자면서 1000원의 사금賜金과 옥배玉杯[20] 하나를 내리고 태정대신太政大臣[21]이 붓글씨를 써 준 것이니 크나큰 영예다.

며칠 머무는 동안 아녀자들이 가까이서 모셔 주어서 애호하는 정을 표시하면서 시 한 수를 지었다.

동양 여인네들이 분명한데	東洋女隊自分明
나이가 겨우 십여 세인데 모두 숙성하구나	年纔十餘盡夙成
좋은 말을 걸어 와도 말뜻 알기 어려우니	好語挑來難解語
정을 두고 보고만 가도 역시 무정하구나	留情看去亦無情
붉은 입술에 분 바른 뺨이 아름답다 할지라도	朱脣粉頰雖云美
맨발에 검은 옷은 정결하지 않구나	白足緇衣也不精
때때로 중당에 가까이 와 웃음을 보냈는데	時近中堂供一笑
시름을 싣고 떠나니 이제는 마음 가벼워지는구나	羈愁從此十分輕

마침 돌아가는 배편이 있어서 집에 편지를 써 부쳤다.

---

19 임금이나 윗사람이 준 돈. 하사금下賜金.

20 옥으로 만든 술잔.

21 메이지 정부의 최고행정기관인 태정관太政官에서 최고급 직위.

7월 2일, 맑음

소마 고지(相馬幸治)라는 사람이 명함을 넣어 만나 보았더니 시 한 수를 얻으려고 간절히 청해 굳이 사양하다가 마지못해 지어 주었다.

해 기우는 바닷가의 자욱한 안개 마시고	斜日神洲歃瘴烟
판교板橋[22] 남쪽에 잠시 배를 멈추니	板橋南畔暫停船
검푸른 바다는 가도 가도 육지가 없는가	滄溟去去疑無陸
섬들은 생생하게 별천지를 이루고	島嶼生生別有天
십자 가도街道[23] 밖으로는 버드나무 늘어섰는데	十字街通楊柳外
삼층 고각高閣[24] 주변에는 물과 구름이 감도는구나	三層閣起水雲邊
살고 있는 사람들 성품 괴벽해 아름다운 경치를 탐내니	居人性癖耽佳景
이상하고 신기한 물건들이 눈앞에 늘어져 있구나	異物奇形列眼前

다시 벽에 걸린 시를 차운次韻[25]했다.

3일 동안 홀로 여관에 들어 있다가	三日孤居旅館深
억지로 높은 누각에 오르니 시 읊는 데 빠져 버리네	强登高閣索沈吟
바닷가는 아득하게 푸른 산에 둘러싸여 있고	瀕海青山搖遠影

22 널빤지를 깔아서 만든 다리. 널다리.
23 큰 길거리.
24 높게 지은 집이나 누각.
25 남이 지은 시의 운자韻字를 따서 시를 지음.

누각에 이르면 푸른 나무가 시원한 그늘을 드리워 주네 當樓碧樹掛淸陰
문 앞의 배에는 오초吳楚[26]의 보화가 들어 있고 船泊門前吳楚貨
벽에 걸려 있는 시는 한당의 음률일세 詩留壁上漢唐音
주인은 풍류객이냐고 묻지 마라 主人莫問風流客
만 리 길 남쪽 나라 유람은 예로부터 있은 일이라네 萬里南遊自古今

7월 3일, 맑음

신문을 얻어 보았더니 머리 제목이 《오사카 일보(大坂日報)》[27]라 했고 그 아래에는 일용 사무를 열거해 썼는데, 그중에 조선 사절使節이 와서 고쿠마치(石町) 산쿄로(三橋樓)[28]에 머무는데 인원이 59인이라고 쓰여 있었다. 해 저물어서 거리에 나오니 청나라 사람 하나가 나를 자기가 사는 곳에 들어오라 하고는 정성스럽게 다과를 대접하며 필담을 주고받았다. 내가 '우연히 중원中原 손님과 마주하니 고국 사람을 만난 듯하네, 작은 누각에서 향기 있는 차를 마시며 온갖 회포를 푼다(偶對中原客 如逢故國人 香茶小閣裏 懷抱一般陳)'라 하니, 노인이 붓을 들고 한참 있다가 '구주歐洲(유럽) 밖으로 눈을 돌리면 지구는 모두 같은 사람인데, 진秦과 진陳이 사이가 좋지 않았다면 어떻게 주朱 씨와 진陳 씨의 결연結緣이 이루어졌겠는가(放眼歐洲外 球輿共一人 如無秦晋好 何必結朱陳)'라고 쓰는 것이었다. 다시 그의 이름을 물은즉 부영사副

---

26 중국 오나라와 초나라.
27 메이지시대의 신문. 《오사카마이니치신문(大阪每日新聞)》, 《도쿄히비신문(東京日日新聞)》의 전신이며, 1876년 창간되었고 1882년 휴간되었다.
28 에도·메이지시대 오사카 고쿠마치 지역에 있던 여관.

領事[29] 빙소위憑昭煒라 했다. 계속해서 얼마간 문답한 뒤에 다시 만날 약속을 하고 돌아왔다.

도로를 둘러보니 십자十字로 거리가 통했고 무수한 요정에는 나무를 연달아 심었으며, 철로는 종횡으로 연결되어 기차가 번쩍거리며 오가고 사람이 타는 수레는 곳곳에 늘어서 있었으며, 벽돌로 쌓은 맑은 개천에는 마름과 연이 다투어 비추고 분칠한 전신주로 전선이 연결되어 통신이 서로 통해 있었으며, 서양 사람의 방이 절반이 넘고 청나라 상인의 집이 제일 많았다. 나르는 듯한 용마루가 10리나 이어져 지붕의 간격이 끊어지는 곳이 없었고, 백 길이나 되는 굴뚝에서는 기관機關을 만드는 것이 보이고 물가에 가득 찬 배들은 대부분 돛이 셋 달려 있었으며, 둘러선 인가들은 수많은 보화를 뽐내고 있었다. 산봉우리는 수려하면서도 험하지 않고 마을은 즐비하면서도 시끄럽지 않으니 번화하고 큰 곳이라 할 만하다. 갑자기 와카노우라마루(和哥浦丸)란 배가 와서 정박한다는 말을 듣고 나가 보니 배의 모양이 지토세마루(千歲丸)보다 3분의 2는 큰데 화려하고 기묘한 것을 형용할 수가 없는 비각선이었는데 돛이 세 개 달렸다.

7월 4일, 밤에 비가 내림

지난달 29일부터 오늘까지의 여관비가 50원인데 효고 현령이 담당했다고 한다. 신시申時(오후 3~5시)에 배에 올랐는데 주인 센자키와 과장 야나기모토가 모두 뱃머리에서 작별했다. 선장의 전도前導로 선실에 들어가니 이

29 영사의 다음 위치에 있는 외교관. 총영사관이나 영사관에서 영사를 보좌한다.

불과 요가 두껍고 부드러우면서도 정결하며 등잔걸이(燈架)와 세면대의 도구도 모두 가지런히 갖추어져 있었고 이층의 걸상(榻坐)도 편안해 좋았다.

술시戌時(오후 7~9시) 정각에 닻을 올리고 점차 동북東北으로 향했다. 지나는 바다에는 홍백紅白의 등대가 세워졌는데 그 밑에 등유(煤油)를 저장하고 공기로 끌어 올려 낮에는 은은하고 밤에는 밝게 해 암초를 피하게 한다고 한다. 마주馬州[30]에서 고베까지의 사이에도 이런 것이 많아서 포구 가까운 부두에 공터를 쌓고 큰 지붕을 세워 밤새도록 등을 걸고 뱃길을 밝힌다고 하는데, 이곳엔 서양의 제도가 아닌 것이 없었다.

7월 5일, 밤에 비가 내림

멀리 동남쪽에 바라보이는 것이 후지 산(富士山)이라 하는데 산꼭대기가 하얗게 분을 바른 듯하니 뱃사람이 말하기를 지난겨울의 눈이 아직 다 녹지 않은 것이라 했다. 풍랑이 조금 일어나니 배 안 사람들이 모두 어지러워 넘어져 누웠는데 이곳은 태평양에서 험한 곳이라 했다. 동행인 아비루 고사쿠(阿比留廣作)가 갑자기 죽었는데 이게 혹 특별한 앙화殃禍[31] 때문인지 아니면 뱃멀미(水疾)를 견디지 못해서인지 몹시 해괴하다. 그의 며느리는 나이가 겨우 스물여덟인데 시체 옆에서 울음을 그치지 못하니 그 타고난 성품(彝性)은 다른 인종이라고 서로 다른 것이 아니었다.

---

30 쓰시마 섬(대마도)을 일컫는 듯하다.

31 어떤 일 때문에 생기는 재난이나 지은 죄의 앙갚음으로 받는 재앙.

7월 6일, 맑음

밤에 비가 내렸다. 배 위에서 부묘제祔廟祭[32]를 지냈다. 묘시卯時(오전 5~7시)에 2400리 요코하마(橫濱) 항에 다다르니 윤선輪船[33]이 바람을 받고 정박해 있는데 좌우로 연결된 배가 몇백 척인지 알 수가 없었다. 부두에 잔교棧橋[34]가 구불구불 이어져 있고 관우關宇와 상가가 눈앞에 벌어지는데 그 화려함을 글로 다 적을 수 없다. 외무성外務省 일등속一等屬 엔도 이와오(遠藤岩雄)와 가나가와 현(神奈川縣) 칠등속七等屬 혼다 시즈나오(本多靜直), 팔등속八等屬 가와키타 쇼조(川喜多壯藏)가 배 위에서 문안을 했다. 이내 육지에 내려 인력거를 타고 정회사町會社에 도착해 다과를 먹으며 잠시 쉬었다가 시나가와(品川) 정거장에 와서 화륜차火輪車(차의 제도와 철로 규칙은 뒤에 적음)를 타고 도쿄(東京)에서 80리인 신바시(新橋)에 도착하니 오시午時(오전 11시~오후 1시) 반각半刻이었다. 그 차車의 빠름은 형용할 수 없으나 날아가는 새가 연기에 엉겨 있는 듯 지나가지 못하고 뒤로 처질 정도다. 산 주변의 집이나 길가의 사람들이 번개처럼 지나가 버려서 얼굴을 알아볼 수 없고 귓가에는 천둥 치는 소리가 오래도록 없어지지 않으니 바람을 막는 신선이라도 이보다 더할 수는 없으리라 생각된다. 철도각鐵道閣 위에 올라 도쿄를 굽어보니 넓은 거리의 번성함이 지나온 여러 항구와는 비교할 게 아니며, 남쪽 바다를 바라보니 돈대墩臺[35]가 겹겹인데 앞줄은 내만內灣의 문호門戶가 되니 웅장한 도시라

---

32 3년상을 마친 뒤에 그 신주를 조상의 신주 곁에 모실 때 지내는 제사.

33 증기 기관의 동력으로 움직이는 배.

34 부두에서 선박에 닿을 수 있도록 해 놓은 다리 모양의 구조물. 화물을 싣거나 부리고 선객이 오르내릴 때 이용한다.

35 평지보다 높직하게 두드러진 평평한 땅. 또는 성안 높직한 평지에 축조한 포대.

1874년 신바시의 모습을 담은 그림

1877년 외무성

할 만하다.

외무성 권대서기權大書記 사쿠라다 지카요시(櫻田親義)가 중로中路에서 위로해 주고 다시 인여人輿[36]를 타고 길을 떠났는데 삼중三重으로 된 성문城門을 지나고 호라이 다리(蓬萊橋), 교 다리(京橋), 아사쿠사 다리(淺草橋)를 지나니 도로는 아주 평탄하고 상점들은 깨끗하게 정리되어 있었다. 푸른 버드나무 언덕 20리를 지나 혼간 사(本願寺)에 도착해 관사館舍[37]를 정하니 이층집(樓屋)은 아닐지라도 탁 트여서 지낼 만했다. 외무소보外務少輔 요시카와 아키마사(芳川顯正)[38]와 변리공사辨理公使[39] 하나부사 요시모토(花房義

36 가마 또는 인력거.

37 외국의 사신과 사절 일행을 유숙시키거나 접대하기 위해 지은 건물.

38 1842~1920. 메이지시대의 관리.

39 외교사절 가운데 세 번째로 높은 계급. 전권공사의 아래, 대리공사의 위였다.

質)[40]가 함께 와서 먼 길 온 것을 위로하면서 어려운 점이 있으면 힘껏 주선하겠다고 했다. 외무성에서 다과를 올리고 바로 이어서 저녁밥을 내었는데 반찬이 평상처럼 담백해 좋았다. 권대서기 사쿠라다와 야마노조 히로시(山之城裕), 나가이시 하타사다(長石幡貞)와 소에다(副田)도 역시 와서 위로해 주었다.

하나부사 요시모토

7월 7일, 아침에 비가 내리고 낮에는 맑음

혼간 사 승려 사무총리事務總理 권소교정權少敎正 스즈키 스이후(鈴木彗浮)가 명함을 들이고 와서 위로해 주었는데 순사 몇 명이 문밖을 지키면서 오락가락 조금도 쉬지 않았다. 비바람이 불거나 어두운 밤에도 한 발자국도 떠나지 않고 시간만 헤아리다가 교체했다 한다. 저녁에 모기가 많이 들어와 외무성에서 청장靑帳(푸른빛의 휘장) 10여 개를 보내 각방에 둘러치고 나서 편안히 잤다.

7월 8일, 맑음

사상使相[41]이 당상관堂上官과 함께 종(下隸) 몇 명을 거느리고 외무성을 방

40 1842~1917. 메이지시대의 정치가. 1871년에 공사관 서기생으로 조선에 들어와 인천을 개항하기 위해 힘썼으며, 결국 제물포조약을 체결했다. 이후 일본 적십자사장, 추밀원樞密院 고문을 지냈다.

41 재상으로서 사신이 된 사람.

문했는데 경卿[42] 이노우에 가오루(井上馨)[43]와 대서기大書記 미야모토 오카즈(宮本少一)[44]가 부재중이라 대보大輔 우에노 가게노리(上野景範),[45] 권대서기 사쿠라다, 소보 요시카와, 공사 하나부사 등에게 서계書契를 전해 주고 간단히 문답을 한 뒤에 즉시 관소館所로 돌아왔다. 전 쓰시마(對馬) 도주島主 소 시게마사(宗重正)[46]가 속관을 보내 위로해 주었다.

7월 9일, 맑음

이른 아침에 미야모토 오카즈가 비로소 관소에 왔는데 회담 초안(談草)이 있었다. 두 판사判事[47]를 각 성省에 나누어 보내 먼저 문안하고 서기관書記官을 소 시게마사의 관소에 답방 올린 뒤에 원로원元老院[48] 의장議長 오키 다카토(大木喬任)[49]가 칠등서기관 기타가와 히로시(喜多川廣)를 보내고, 공부경工部卿[50] 야마오 요조(山尾庸三)[51]가 사등속四等屬 시미즈 쓰네데쓰(清水常鋏)

---

42 관청의 으뜸벼슬.

43 1836~1915. 메이지·다이쇼시대의 정치가. 제1차 이토 내각의 외상과 농상무상, 내상, 장상 등을 지냈으며, 1876년에 전권대사로 조선과 강화도조약을 맺고 임오군란 때는 일본 대표로 한성조약을 맺었다.

44 1836~1916. 메이지시대의 외교관. 주로 메이지유신 이후 일본을 방문한 외국 귀빈을 접대하는 일을 맡았다.

45 1845~1888. 메이지시대의 외교관. 1874년부터 1879년까지 영국 공사로 영국에 주재했고, 귀국 후 외무대보가 되었다.

46 1847~1902. 메이지시대의 귀족. 요시노조(善之允)라고도 했다. 소 요시노리(宗義和)의 셋째 아들. 제16대 쓰시마후추 번(對馬府中藩) 번주. 1871년 폐번치현으로 번藩이 폐지된 후 외무대승外務大丞에 취임했다.

47 조선 후기에 법부에 속한 관직.

48 메이지시대 일본의 입법기관. 1875년 조직되었다. 처음에는 의장과 부의장이 각각 1명이었는데, 이후 의장과 부의장 각각 1명과 이를 보좌하는 간사 2명, 기타 의관 23명 등으로 구성했다. 신법의 제정과 구법의 개정을 관장했다.

49 1832~1899. 메이지시대의 관료. 1880년에 원로원 의장에 취임했다. 1888년부터는 추밀고문관樞密顧問官을 겸임해, 추밀원樞密院 의장이 되었다.

1879년 원로원 단체 사진

를 보내고, 대장경大藏卿[52] 사노 쓰네타미(佐野常民)[53]가 소서기小書記 오타니 야스시(大谷靖)를 보냈다. 각각 명첩名帖(명함)을 올리고 치사致謝했다.

7월 10일, 맑음

사시巳時(오전 9~11시)에 하나부사와 나가이시 하타사다[54]가 와서 이야기

50 메이지시대에 창립된 정부관청의 하나인 공부성工部省의 으뜸벼슬. 공부성은 철도, 조선, 광산, 제철, 전신 등을 정비했다. 1873년에 설치된 초대 공부경이 이토 히로부미였다.

51 1837~1917. 메이지시대의 관료. 1863년 이토 히로부미 등과 함께 영국에 건너가서 조선 기술을 배웠다. 귀국 후 1870년 메이지 정부의 요코하마 조선소 책임자가 되었고, 1880년 공부경이 되었다.

52 1868년 일본 조정의 정부 운영을 위한 자금 조달의 기관으로 설치된 대장성大藏省의 으뜸벼슬. 명칭이 몇 번 바뀌었으며, 1885년에 내각제도가 도입되었을 때 세입과 세출, 조세, 구채, 조폐, 은행을 담당하는 대형 관청이 되었다.

53 1822~1902. 메이지시대의 관료. 1867년 파리에서 개최된 박람회에 참석했고, 1872년에는 비엔나에서 개최된 만국박람회에 부총재로 파견되었다. 귀국 후 대장경을 거쳐 1882년 원로원 의장이 되었다.

했다. 육군 중장中將 구로다 기요타카(黑田淸隆)[55]가 팔등속 다케우치 오콘(竹內於菎)을 보내 치사했다.

구로다 기요타카

오시에 사상을 모시고 외무경外務卿의 사저(私第)에 도착해서 마주 앉아 살아가는 이야기를 했는데 거처하는 자리와 탁자 등 사는 곳이 대단히 아름답고 정원의 기이한 화초가 비할 데 없이 아름다웠다. 돌아오는 길에 하나부사의 사제에 들어가니 집터는 넓게 차지하지 않았을지라도 정원의 나무들이 정연해 제법 청신한 아취雅趣가 있었다. 책상 위의 책들을 앞에 벌려 놓고 즐기고 있었는데 우리 동국東國의 품류品流가 많았다. 이내 주과酒果를 올려 정성을 표시했는데 강姜 선생[56]이 운韻을 보이기에 나도 화운和韻[57]했다.

우리 행차가 어찌 마경馬卿[58]의 유람과 같으랴? 我行何似馬卿遊

---

54 원문에는 '及石幡貞'로 표기되었으나, 오기인 듯하다.

55 1840~1900. 메이지유신에서 주도적 역할을 한 정치가. 1875년 강화도사건의 처리를 맡아 조선과 강화도조약을 체결했다. 1892년 제2차 이토 내각의 체신대신, 1895년에는 추밀원의장이 되었다.

56 강위姜瑋(1820~1884). 1876년 강화도조약이 체결될 때 전권대신 신헌申櫶을 막후에서 보좌했다. 1880년 조정에서 김홍집을 수신사로 일본에 파견할 때 김옥균金玉均의 추천을 받아 서기로 수행했다. 이때 일본과 중국의 개화파 인사들이 조직한 흥아회興亞會에 참석하여 교유를 맺었다. 1882년 김옥균·서광범徐光範 등 젊은 개화파 관료들이 일본에 파견될 때 제자인 변수邊燧와 함께 수행했는데, 이때 이들은 유럽과 아메리카까지 돌아보고자 했으나 임오군란이 일어났다는 소식을 듣고 서둘러 귀국했다. 강위는 나가사키(長崎)에서 일행과 헤어져 단신으로 세 번째 중국 여행을 떠나 상해 일대의 개화파 인사들과 교유한 뒤 귀국했다. 문집으로는《강위전집姜瑋全集》이 있다.

57 남이 지은 시의 운자韻字를 써서 화답하는 시를 지음.

58 중국의 학자 사마상여司馬相如.

만리창파萬里滄波[59]를 지나는 배 위 한 알의 좁쌀이라오　一粟滄波萬里舟
북두칠성은 집을 잃어 상계上界를 헤매는데　斗北家鄕迷上界
해동海東의 나라들은 중류中流에 떠 있다네　海東邦國泛中流
진秦나라 옷과 월越나라 음식은 전부터 다른 풍속이지만　秦衣越齒曾殊俗
오동잎의 매미 소리는 오히려 가을을 생각나게 하네　梧葉蟬聲尙記秋
기이한 물건은 보지도 생각지도 못했던 것이니　異物未嘗看着意
많이 알려고 해도 머리만 자주 돌리는구나　爲求多識數回頭

7월 11일, 맑음

문부경文部卿 고노 도가마(河野敏謙)는 대서기 시마다 사부로(島田三郎)를 보내고 육군경陸軍卿 오야마 이와오(大山巖)[60]는 소좌少佐 우에료 요리카타(上領頼方)를 보내 각자 치사했다. 오시에 외무경 이노우에 가오루와 공사 하나부사가 와서 이야기를 했다. 모두 천하의 형편과 세계의 대세를 이야기했는데 과장된 저의가 아닌 것이 없었다. 신시에 돌고 돌아 박물장博物場에 도착하니 바깥문에 박물관博物館이란 액자를 걸었고 옆에 수졸守卒의 거처가 있어서 구경하는 손님에게 세稅를 받고 각각 목패木牌를 주며 출입하는 사람을 살피고 있었는데 외무성의 지휘로 우리 일행은 세를 내지 않았다 한다. 박물전시장을 살펴보니 둘레가 4~5정町은 되고 안문 몇 발짝 되

59 끝없이 푸르고 너른 바다.
60 1842~1916. 메이지시대의 군인. 1869년 유럽으로 건너가 보불전쟁에서 프로시아 군에 종군했고, 1871년 프랑스와 스위스로 건너가 프랑스어와 포술을 배웠다. 1880년 육군경이 되었다. 1894년 청일전쟁 때는 제2군 사령관, 1904년 러일전쟁 때는 만주군 총사령관으로 참전했다.

는 곳에 소철나무가 있었는데 뿌리 하나가 5~6줄기이고 몸통의 길이가 각각 몇 길씩 되었다. 여기서부터 차츰 들어가 보니 기이한 화초가 천백 종류나 되었는데 이름을 아는 것은 하나도 없었다. 전당前堂에 당도하니 호위하는 관원이 신물信物(증표)을 먼저 살펴보고 또 흡연을 금한 뒤에 구경하게 했다. 제1층에는 각국 명현名賢의 소상塑像[61]이 있고 그 밖에 각층은 의복, 그릇 그리고 고금의 물상物像으로 없는 것이 없었다. 모두 유리로 장식했는데 회랑回廊에 당도하니 사람의 전신全身 인골人骨과 날짐승과 달리는 짐승의 전신 뼈가 많아서 눈길을 둘 수 없는 게 많았다. 동산의 곰, 원숭이, 학, 까마귀, 기러기, 비둘기, 앵무, 공작, 매, 새매, 여우, 토끼, 물소, 산돼지, 물고기, 자라 등속이 움직이는 것이 사랑스러웠다. 그 밖에 기괴한 물건은 정신과 눈이 피로해 끝까지 볼 수가 없었다. 그들이 말하기를 이 중에 있는 물상은 병자丙子년 신행信行[62] 때 본 것과 비교하면 따로 준비한 것이 많은데 아직 다 못 보아 한탄스럽다면서 반드시 서양 36국과 동양 37국이 서로 통상한 뒤에야 끝날 수 있는 일이라고 하니 그 자랑하고 과장하는 버릇은 웃음을 자아내게 한다.

7월 12일, 맑음

태정대신 산조 사네토미(三條實美)[63]가 속관을 보내 치사하고 좌대신左大

61 찰흙으로 만든 형상.
62 1876년(고종 13)에 파견한 제1차 수신사 일행.
63 1837~1891. 에도시대부터 메이지시대에 걸쳐 활동한 정치가. 1871년 태정대신이 되었고, 이후 조정과 정부의 여러 고위관직을 역임했다.

臣[64] 다루히토 신노(熾仁親王)가 속관 호리우치 벤(堀內辨)을 보내고 사법경司法卿 다나카 후지마로(田中不二麿)[65]가 일등속 다케다 다다타카(竹田忠質)를 보내고 궁내경宮內卿[66] 세키 미치노리(關迪敎)가 이등속 와다 지카요시(和田比義)를 보냈는데 각각 명첩을 갖춰 위로 인사를 했다. 신시에 하나부사가 왔는데 회담 초안이 있었다.

7월 13일, 잠깐 비가 내림

구舊 쓰시마 도주 소 시게마사가 와서 위로해 주었다. 지난날의 우의友誼를 털어놓았는데 개연慨然한 마음이 많이 있었다. 의관衣冠은 옛 모습 그대로인데 나이 마흔이 가까우나 용모가 준수하고 호방해 제법 대장부의 기상이 있었다.

7월 14일, 밤에 비가 내림

내무경內務卿 마쓰카타 마사요시(松方正義)[67]가 소서기 도미타 노부야스(富田冬三)를 보내 위로해 주었다. 대청大淸의 참찬관參贊官[68] 황준헌黃遵憲[69]과

64 태정관에서 태정대신에 뒤이어 권력과 영향력을 가진 관직.

65 1845~1909. 메이지시대의 관료. 1880년 사법경이 되었다.

66 일본 황실에 관계된 사무나 일본 천황의 국사 행위 중 외국 특명전권대사의 접수나 의례에 관한 사무 및 옥새와 국새의 보관을 관장하는 궁내성의 으뜸벼슬. 궁내성은 1869년에 설치했으나 세계대전이 끝나고 1947년에 일본국 헌법이 시행되면서 궁내부가 되었다가 1949년에 궁내청으로 개칭했다.

67 1835~1924. 메이지시대의 관료. 총리대신. 1878년 파리에서 개최된 만국박람회에 부총재로 파견되어 유럽을 견문했고, 귀국 후 1880년 내무경이 되었다. 1881년에는 대장경에 취임해 일본은행을 설립했다.

68 왕에게 경서經書 강론을 하거나 경연經筵에 속한 정3품의 당상관직.

69 1848~1905. 청나라 말기의 외교관·작가. 저서에 《사의조선책략》이 있다.

양추楊樞[70]가 같이 와서 위문해 주었다. 그 모습을 보니 옆머리는 다 삭발하고 오직 정수리의 머리만 남겨 땋아서 꽁무니까지 이르게 하고, 위에는 푸른 두루마기(周衣)를 입고 안에는 우리처럼 입었으나 조금 다르며 관冠은 쪽박 같은데 흰색에 붉은 장식을 했고 신발은 당혜唐鞋인데 모두 좋은 모양이 아니었다. 이어서 필담으로 말하기를 "조정에서는 귀국貴國과 기쁜 일이나 슬픈 일이나 서로 관련되어 근심과 즐거움을 함께했는데 근래에 서방 각국이 우리를 날마다 업신여기고 핍박하니 양국은 더욱 친밀해져야 할 것이다. 우리는 도쿄에 3년 살면서 다른 부류들과 수작酬酌하다가 이번에 고귀한 분들이 와서 참으로 타향에서 고향 사람을 만난 듯할 뿐 아니라 기쁘고 위로됨이 말로 다할 수 없다. 저이들의 의견으로는 각하閣下께서 도쿄에 상주하시면 국사國事에 반드시 큰 도움이 될 것이며 지금 세계 대세는 참으로 4000년 이래 없었던 일이며 요순堯舜 우탕禹湯도 생각하지 못했던 일이라 옛사람들의 방법으로 오늘날의 병을 치료할 처방을 찾지 못했다. 각하의 총명한 견문으로 장래 나라의 주인으로 유지하려고 날마다 개척해 나간다면 반드시 아시아가 행복하게 하실 수 있을 것이다"라고 했다.

황준헌

70 1844~1917. 청나라 말기의 외교관으로, 1903년부터 1907년까지 청정부주일공사清政府駐日公使를 지냈다.

7월 15일, 맑음

이른 아침에 망궐례를 지냈다. 매일 글 쓰는 데 신경을 쓰면서 나그네의 감회가 아울러 생기고 저녁에 들어서 달빛이 교교한데 창가에 있으면 더욱 돌아가고 싶은 마음이 들게 한다. 그래서 몇몇 사람과 함께 거리의 요정에 나와 회포를 풀어 보려고 하던 차에 요시와라(吉原)[71]의 사녀士女[72]를 유람할 데가 있다는 말을 듣고 돌고 돌아 아즈마 다리(東橋)[73] 밖 몇 리 되는 곳에 이르러 남녀가 오고 가는 것을 구경하니 과연 어깨를 비비고 소매가 닿는다고 할 만했다. 멀리 높은 누각과 큼직한 집들을 바라보니 몇 리에 걸쳐 있는지 알 수 없는데 층마다 난간에 채색등이 상·중·하 세 줄로 걸려 있고, 창문에는 수를 놓았다. 반쯤 걷어 올린 주렴 속에는 아가씨들이 백옥白玉 같은 용모로 너덧 혹은 예닐곱씩 짝을 지어 있었다. 모두 머리에는 금화金花를 꽂고 몸에는 청라青羅[74]를 입고 손에는 단선團扇[75]을 흔들면서 담소하며 찻잔을 주고받고 있었다. 화려한 촛불이 안팎을 환히 밝히고 있는 것이 흔히 말하는 〈요지연도瑤池宴圖〉와 흡사했다. 또 열 걸음마다 시렁을 띄워 대나무를 심고 길게 자란 가지에 등을 걸으니 복숭아꽃(桃花)이 활짝 핀 것 같았다. 판자로 함을 짜고 사면에 난초 병을 둘러놓고 예쁘게 화장한 한 쌍의 여인이 가사袈裟[76]를 입고 춤을 추거나 일본 비파를 연

---

71 에도시대 도쿄 외곽에 만들어진 유곽.

72 남자와 여자, 신사와 숙녀를 아울러 이르는 말.

73 가나가와 현에 위치한 메이지시대의 목조 다리. 당시 노동자들이 조업을 위해 지나다녔다 하여 일명 '노가다 다리'라고 불렀다. 1923년 관동대지진으로 소실되었으나 1926년에 다시 재건축 되었다.

74 푸른색의 가볍고 얇은 비단.

75 비단이나 종이 따위로 둥글게 만든 부채. 둥글부채라고도 한다.

76 승려가 입는 법의法衣.

메이지시대 그림 엽서 속 요시와라 모습

주하게 하니 연주를 들을 수는 없으나 풍류는 돋우어 주었다. 조금씩 보고 지나면서 100여 집이 넘었으나 끝을 보지 못했다. 이윽고 계수나무 그림자가 서쪽으로 기울고 향기로운 먼지가 얼굴을 스치니 정신이 피로하고 눈이 어른거려 바로 관소로 돌아왔는데 그 형용을 생각해 보면 춘몽春夢에서 깨어난 것 같다.

7월 16일, 맑음

대청 공사公使 하여장何如璋[77]이 관소로 와서 치사했다. 오시에 미야모토 오카즈의 사제에 도착하니 문밖에 숲이 몇 정町은 되겠는데 뽕나무, 산뽕나무, 풀명자나무, 배나무 등속이 많았다. 집은 넓고 화려하지 않을지라도 대단히 정결하고 제법 산림의 정취가 있었다. 만나서 지나는 이야기를 나누는데 다과를 정성스럽게 대접했다. 기계 공작소에 들르니 쇠를 다루고 나무를 다듬는 일을 오로지 기관차의 힘에 의존하고 있으니 참으로 천기天機를 쏟고 화공化工을 모으는 것이라 할 만하다. 이날 밤 경교 남쪽에서 대포놀이를 벌였는데 몇 척의 작은 배들이 떼를 지어 물에 떠 있고 대포 한 발을 쏘는 소리에 돌멩이가 어지럽게 흩어지며 포성이 수없이 났다. 또 일종의 수뢰포水雷砲[78]가 물속에서 땅을 움직이는 소리가 나며 큰 불덩어리를 쏟아 내는데 마치 오채五彩[79]의 교룡蛟龍[80]이 엄청나게 많은 금파金波를 뿜어내는 듯했다. 물가를 돌아보니 정자(亭榭) 아래위에 등불이 물에 내려 비춰 기이한 볼거리를 주어서 남녀들의 발소리가 폭죽

하여장

77 1838~1891. 주일 청나라 공사. 일본의 근대화 정책에 동조했고, 김홍집 등에게 조선이 국제사회에서 뒤처지지 않으려면 부국강병의 길로 나아가야 한다고 권고했다.

78 수중에 설치해 적 군함을 폭파시키는 무기.

79 파랑, 노랑, 빨강, 하양, 검정의 다섯 가지 색.

80 상상 속 동물. 모양이 뱀과 같고 몸의 길이가 한 길이 넘으며 네 발이 넓적하다. 가슴은 붉고 등에는 푸른 무늬가 있으며 옆구리와 배는 비단처럼 부드럽고 눈썹으로 교미해 알을 낳는다고 한다.

소리 같으니 역시 하나의 볼 만한 일이었다.

7월 17일, 맑음

사상 혼자 당상관과 함께 대신大臣 각처에 문안하고 돌아왔다. 오후에 10리쯤 돌아가 도서관에 갔더니 바로 성묘聖廟[81]였다. 밖에서 들어가니 문이 셋 있는데 첫 번째는 서적관書籍館이고 두 번째는 입덕문入德門이고 세 번째는 행단杏壇[82]인데 정전正殿에 대성전大成殿이란 액자額子가 걸려 있었다. 부자夫子[83]의 소상을 정위正位에 놓고 안자顏子, 증자曾子, 자사子思, 맹자孟子의 소상을 좌우左右, 동서東西 상廂에 늘어놓았으며 염락濂洛,[84] 육군자六君子의 영정을 걸어 놓았고, 옛 신사信使 김세렴金世濂[85]의 지문識文이 있는데 먹 자국이 새로웠다. 각방을 돌아보니 책장을 늘어놓았는데 장속에 있는 책이 1000만 권이나 되었으나 유리로 덮어 놓아 열어 볼 틈이 없었으니 한탄스러울 뿐이다. 메이지(明治) 이후 양서洋書를 조금 두었는데 그 수가 오히려 많으니 생도生徒[86]가 모두 오랑캐로 변하고 유풍儒風은 거의 잠잠하다고 한다.

---

81 공자를 모신 사당.

82 학문을 닦는 곳을 이르는 말. 공자가 은행나무 단에서 제자를 가르쳤다는 고사에서 유래한다.

83 공자를 높여 이르는 말.

84 송나라 때 학자인 주돈이周敦頤와 정호程顥·정이程頤를 대표해 부르는 말.

85 1593~1646. 본관은 선산, 자는 도원道源, 호는 동명東溟. 1636년에 통신부사로 일본을 다녀왔으며 황해도 관찰사 등 외직에 있으면서 《근사록》,《소학》 따위를 간행하여 도민 교화에 힘썼다.

86 임관 전에 소속 관아의 학문과 기술을 익히던 사람.

7월 18일, 맑음

인시寅時(오전 3~5시)에 지진으로 모두 방황하면서 앉아서 아침을 기다렸다. 하여장이 부사副使 장사계張斯桂와 함께 와서 지나는 이야기를 했는데 필담으로 많이 해서 들을 수 있었다. 참의參議[87] 야마다 아키요시(山田顯義)[88]도 역시 와서 문안했는데 혼간 사에서 따로 성찬盛饌을 마련해 가지고 와서 먹으라 하니 그 성의가 고맙다.

7월 19일, 맑음

별군관別軍官[89]이 거느리는 두 사람이 술에 취해 서로 싸우므로 각각 곤장을 쳐서 그들을 징벌하니 구경하던 사람이 소스라치게 얼굴색이 바뀌었다. 오시에 태정대신이 와서 치사했는데 마차를 탄 기사 여덟 명이 칼을 들고 앞에 늘어서기만 했다. 원로원 의장, 육군경, 참의 구로다 기요타카, 원로원 대서기 모리야마 시게루(森山茂), 오쿠마 시게노부(大隈重信) 등이 와서 위문해 주었는데 역시 몇 명의 기졸騎卒이 전도前導했을 뿐

야마다 아키요시

87 태정관의 관직 중 하나. 차관급에 해당함.

88 1844~1892. 메이지시대의 군인·관료. 1879년 참의가 되었고 공부경과 내무경을 역임했다. 제1차 이토 히로부미 내각부터 1891년까지 사법대신을 맡았고, 일본법률학교를 창립했다.

89 훈련도감, 금위영, 어영청, 수어청 따위에 속한 하급 무관.

이었다. 남쪽으로 5리 되는 곳에 보라고 권하는 공장이 있는데 여러 재물이 다 모여들어 1월 6일에 문을 열고 팔도록 약속했다. 매물買物에 두 값이 없으므로 먼 곳 사람이 장사하는 물건(商貨)을 많이 두고 빠르고 늦음의 기한 없이 수매售賣하여 값을 받는다 한다.

7월 20일, 맑음

대장경, 내무경, 좌대신 및 하나부사가 와서 위로해 주었다. 하루 종일 글씨를 쓰다가 마음이 산란해 절구絶句 하나를 지었다.

오래된 절에서 초가을 날씨 맑은데	古寺新秋天氣淸
하루 종일 글을 베끼자니 마음이 괴롭구나	抄書終日苦爲情
오늘은 어찌하여 갑절이나 더 서글픈가?	如何此日倍悽愴
정원은 조용한데 매미만 우는구나	庭院寥寥蟬自鳴

또 하나를 지었다.

수만 리나 되는 푸른 물결 저 배를 타고 오니	萬里滄浪駕彼船
인정도 지세도 모두 낯설건만	人情地勢兩茫然
이 몸은 어이해 근심 걱정하는지 모르겠구나	此身不識緣愁惱
그저 핑계 없이 책상머리에 못 다한 일만 쌓이는구나	萬事床頭未了編

참의 이토 히로부미(伊藤博文)[90]가 와서 사례謝禮했다. 이날 밤에는 비바

람이 조금 거세졌다.

7월 21일, 맑음

모시고 청나라 공관에 가니 공사 하여장이 나와 맞아들였다. 몇 가지 문답을 한 뒤에 공관을 둘러보니 모두 일본식인데 누각 처마에 '대청흠차대신공서청大淸欽差大臣公署廳'이란 액자를 달고 위에는 황제의 사진을 두었는데 긴 탁자에 붉은 비단보를 덮고 가장자리에 술을 달아 내렸다. 좌우로 숙정패肅靜牌 둘, 붉은 양산 하나, 정종正從 삼위패三位牌 각각 하나를 세웠다. 가운데 기둥에는 수정등水精燈을 걸었는데 이들은 모두 중화中華 법도法度였다. 협실夾室에서는 동자童子 대여섯이 《논어》와 《맹자》를 읽는데 글 읽는 소리가 급해서 들을 수가 없었고 생김새와 옷 모양은 어른과 다름이 없었다. 내가 듣기로는 중화는 천하를 본뜬다고 했는데 오늘 본 바를 말하자면 근심스러운 곳이 꽤 많으니 생각건대 대명大明의 제도를 변경하기 때문인가 싶다.

7월 22일, 맑음

문부경과 해군경海軍卿, 우대신右大臣[91]이 와서 치사했다. 도쿄 지사知事

---

90 1841~1909. 메이지시대의 관료. 1871년 이와쿠라 사절단에 부사로 참가해 구미 각국을 견문하고 귀국 후 오쿠보 도시미치 등과 함께 메이지 정부 국정의 중심인물이 되었다. 1873년 초대 공부경이 되었으며, 1885년 초대 내각총리대신이 되었고, 제5·7·10대 내각총리대신을 역임했다. 주한 특파대사로서 을사조약을 강제로 체결했으며, 1905년에 초대 조선 통감으로서 조선의 국권 강탈을 준비하던 중, 1909년에 하얼빈에서 안중근 의사에게 피살되었다.

마쓰다 미치유키(松田道之)[92]가 사등속 아카지 쓰네카즈(赤治常一)을 궁내경 도쿠다이지 사네쓰네(德大寺實則)[93]가 정육위正六位 미야지마 이치로(宮島一郎)를 보내 명첩을 올려 위문했다. 미시未時(오후 1~3시)에 모시고 구 쓰시마 도주의 집에 가니 정원이 황량하고 근심과 걱정이 많은 모양이었는데 기쁘게 맞아 조금 문답을 하니 대개 각 도주島主가 교토(京都)에 핑계를 대고 근무는 소통되지 않아 늠료廩料[94]만 지급한다고 했다. 참의 데라시마 무네노리(寺島宗則)[95]가 명첩을 두고 갔다.

7월 23일, 흐림

궁내경이 와서 치사했다. 저물어서 거리에 나와 물색物色을 살펴보니 금은金銀과 옥백玉帛[96]이 많지 않다고 하지는 못 하겠으나 어린아이들의 장난감이 절반은 되었는데 남녀를 물론하고 5~6세 아이들이 붓을 잡고 물건 값의 다소多少를 알려 주니 일찍 영민한 것이 놀라웠다. 도쿄 제일은행국第一銀行局 상인商人 시부사와 에이이치(澁澤榮一)[97]와 오쿠라구미(大倉組) 상인

---

91 태정관 관직의 하나. 좌대신의 부관으로, 좌대신이 부재하는 경우에 그 직무를 대행함.

92 원문에는 '松京道之'로 표기되었으나, 오기인 듯하다.

93 1839~1919. 메이지시대의 관료. 1871년 궁내성에 출사해 지주장侍從長과 궁내경을 겸임했다.

94 벼슬아치에게 주던 봉급.

95 1832~1893. 메이지시대의 관료. 1861년 제1회 막부 유럽사절단에 통역 겸 의사로 참가했으며, 1865년 사쓰마 번의 영국사절단으로 파견되었다. 1873년 참의 겸 외무경이 되었으며, 관세 문제 등 조약 개정 교섭에 힘썼고, 1879년 사직했다. 이후 문부경, 법제국 장관, 원로원 의장, 주미 공사, 추밀원 부의장 등을 역임했다.

96 옥돌과 비단.

97 1840~1931. 메이지시대의 관료 및 사업가. 1867년 파리 만국박람회를 견학하는 등 유럽 각국을 견문했으며, 메이지유신 이후 1869년 대장성에 입성해 이노우에 가오루와 함께 재정 제도 확립에 힘썼다. 1873년 대장성을 사직하고 제일국립은행 은행장으로 경제계에서 활약했다. 1916년에 실업계에서 은퇴할 때까지 오지세시(王子製紙), 오사카방적(大阪紡績), 도쿄가스(東京瓦肆)를 비롯해 500곳이 넘는 기업에

1931년 건축잡지에 실린 도쿄 제일은행과 시부사와 에이이치

메이지시대 오쿠라구미 상회 본사와 오쿠라 기하치로

오쿠라 기하치로(大倉喜八郎)[98]가 각각 복숭아, 배, 포도, 참외 한 상자를 보내 정성을 바쳤다.

7월 24일, 아침에 비가 내리고 오후에 맑음

협동사協同社 사람들이 벼루를 들고 와 휘호를 청하므로 억지로 몇 폭 써 주고, 좁은 문을 나와 불당(佛宇)에 올라가 한 바퀴 돌아보니 비록 단청은 하지 않았지만 대단히 장려했다. 금으로 주조한 불상은 충분히 한 아름은 되겠고 앞에 늘어놓은 채화綵華 구등球燈[99]들은 기교스럽지 않은 것이 없었다. 누각 앞 한쪽에는 동망銅網을 치고 나는 새들을 키우는데 정원 못지않으며 향나무를 심고 석물石物을 갖추어서 휴게 장소가 될 만했다. 승도僧徒[100]들은 모두 처자가 있고 직품職品[101]이 사환仕宦[102]이나 다름이 없었다. 또 속찰屬刹의 주위가 수십 리 둘러싸여 있고 마을 사이에는 모두 산림이 청정한 곳은 아니지만 때때로 염불하는 소리와 종을 치는 소리가 우리의 나찰羅刹(신라의 사찰)처럼 의연하니 도리어 객수客愁[103]를 달래게 할 뿐이었

관여했다.

98 1837~1928. 원문에는 '키이치로(喜一郎)'로 표기되어 있다. 메이지시대의 사업가. 메이지유신 이후 메이지 정부의 어용상인으로서 무기업, 운송업, 철도, 건물 등의 토목 건설 공사에 종사해 재산을 쌓았다. 또한 일찍부터 무역에 관심을 가져, 1873년 오쿠라구미 상회(大倉組商會)를 설립했다. 1874년 영국에 런던 지사를 설치했으며, 이후 조선과의 무역에도 착수했다. 1898년 오쿠라 고등상업학교(大倉高等商業學校)를 설립했으며, 1917년에는 오쿠라구미를 기반으로 오쿠라 상사, 오쿠라 토목, 오쿠라 광업 등을 설립했다.

99 둥근 공 모양의 등.

100 출가하여 절에서 머리를 깎고 계戒를 받은 후 불도佛道를 닦는 수행자.

101 벼슬의 품계.

102 벼슬 또는 벼슬을 함.

103 객지에서 느끼는 쓸쓸함이나 시름.

다. 이날 밤에는 가을 기운이 제법 돌아 홑옷은 좀 냉기가 있어 거의 잠을 이루지 못하다가 이내 일어나서 시를 읊었다.

오랑캐 땅에 나온 지 몇 달이 넘었으니　一出蠻鄉數月餘
이제 36세 초반일세　此爲三十六年初
정녕 해기海氣가 온몸을 적시는 것을 걱정했는데　正愁海氣全身濕
또 서늘한 가을 만나니 한밤에 한숨짓네　又見秋涼半夜噓
기이한 음식 조금 맛본 것은 장사張使의 과일이고　異味少嘗張使果
기담奇談으로 자랑한 것은 육후陸候의 글씨였네　奇談虛負陸候書
바라는 말은 천도가 비바람 고르게 해 달라는 것이니　願言天道均風雨
굴속의 개미와 둥지의 새들도 모두 편안히 살게 해 달라는 것이라네　穴蟻巢禽各穩居

7월 25일, 맑음

이날이 대전大殿[104] 탄신일이라 관소 마루에서 진하례陳賀禮[105]를 지냈다. 외무성에서 편지를 보냈기 때문에 진시辰時(오전 7~9시)에 사상이 당상관과 함께 아카사카(赤坂)의 고쿄(皇居)[106]에 도착하니 궁원宮垣[107]이 모두 철책

104 임금을 높여 이르는 말.

105 조선 왕실에서 기념할 만한 일이나 경사가 생기면 왕세자를 비롯한 백관들이 왕이나 왕실 어른에게 글을 올려 축하하는 의식. 정월 초하루, 동지, 입춘 등 매년 정해진 날에 열리는 조의朝儀와 왕과 왕세자의 탄신일, 원자 탄생, 왕실 혼례 등과 같이 특별한 날에 열리는 하의賀儀로 나뉜다.

106 일왕이 거주하는 왕궁.

107 궁 주위에 쌓아 올린 담.

인데 문밖에 근위병 10여 명이 모두 칼을 지니고 늘어서 있었다. 삼중문을 거쳐 차에서 내려 관리(省官)의 인도로 앞에 있는 청사에 들어갔다. 처음에는 검은 옷으로 일황日皇을 입견했으나 일황 상 밑에서 관을 벗는 것이 예의라 시복時服[108]으로 입견해 곡배曲拜[109]했는데 별다른 문답은 없었다고 한다. 궁문 밖에서 나와 원근遠近 각성各省을 보니 모두 성城은 있는데 첩堞[110]은 없었으며 밖에는 바다로 통하는 깊은 수로가 있는데 넓이가 화살 닿을 거리만큼 되었다. 연꽃이 만발해 있고 배가 오가는데 제방에는 꽃대가 이발한 듯 가지런하고 물가에는 돌을 쌓고 나무를 심어 위급에 대비해 놓았다. 해군성에 들러 보니 성터는 10여 리쯤 되고 문밖에는 역시 호위졸 수십 명이 각자 포砲와 칼을 들고 질서 있게 서 있는데 엄숙해 보였다. 해군소좌 구로오카 다테와키(黑岡帶刀)[111] 소장少將 아보 기요야스(林清康),[112] 육군 공병工兵 소위少尉 호리모토 레이이치스케(堀本禮一助) 등이 함께 앞장서서 2층으로 올라가니 넓게 탁 트인 모양인데 유리(玻璃)와 모포(氈毯) 같은 것들이 이루 다 적기 어려울 정도로 많았다. 차茶와 음식이 나온 뒤에 수십 칸의 방을 살펴보니 화륜을 만드는 부품들을 몸체별로 나누어 한 단에 두고 사람들이 쉽게 알아볼 수 있도록 했다. 여기서 몇 층 사다리를 내려가니 조그만 집이 나왔고 장랑長廊[113]에서 30~40보 가니 누각 하나가 있는데 다시 화륜을 대·중·소로 나눠 두고 있었다. 이것은 전前 외무경 데라시마

108 신하가 공무를 행할 때 통상 입는 의복.
109 신하나 백성이 임금을 뵐 때에 하는 절.
110 성 위에 낮게 쌓은 담.
111 1851~1927. 메이지시대의 군인.
112 1843~1909. 메이지시대의 군인. 사쓰마 번 군함의 함장을 맡았으며 사쓰마 번 해군 양성에 힘썼다. 메이지유신 이후 해군 창립에 관여했다.
113 대궐 문이나 집 대문의 안쪽 좌우에 죽 붙어서 벌여 있는 행랑.

고쿄

무네노리가 20년 전에 외국을 유람하고 화륜을 한 번 보고 그대로 설계도(見樣)를 만든 것이므로 길이 전하고 있다는데 과연 그렇다면 세상에 보기 드문 인재人材다. 또 동쪽 건물에 가 보니 바퀴들을 쌓아 두었는데 거의 무한량이었고 위층은 병기로 철갑 방패와 철갑 옷, 총, 칼 등이 있었는데 몇 칸이나 되는지 알 수 없었다. 제일 아래층은 병졸 7~8명 혹은 10여 명이 각자 대포를 움직이는데 우리가 벽돌을 움직이듯 쉽게 움직이니 매일 교련하는 곳이다. 또 돌아서 한곳에 나가니 화훼花卉와 수림樹林이 아주 번화한데 그중에 한 거대한 누각이 수십 평은 되었으며 대완구大碗口[114]를 쌓아 두고 있었다. 큰 것은 서너 아름이고 작은 것은 한두 아름인데 길이가 네댓 길이나 되는 것을 모두 거울처럼 갈아서 사람의 형상이 환하게 보였다. 또 한 누각에는 연환鉛丸[115]을 쌓아 두었는데 각각 조그만 구멍이 있고 구멍 속에 무수한 소환小丸이 채워져 한 발이 천백 발의 대포가 되는 것이었다. 그 서쪽에는 바다를 끌어들여 연못을 만들었는데 조그만 기선을 띄우고 해군 수십 명이 가지런히 서 있으니 역시 때때로 연습하는 곳이었다. 그곳에서 또 움직여 화살 하나 닿을 거리에 도착하니 해안이었다. 집 하나를 지었는데 모양새를 선창처럼 꾸며서 칸칸이 창문이 있고 창에는 대포를 걸어 놓았고 대포는 마麻와 철鐵로 된 새끼줄로 묶었다. 아래에는 철판을 놓고 쉽게 움직이게 해 동서나 남북으로 나왔다 들어갔다 할 때 조금도 걸리는 데가 없었다. 다시 한쪽 편을 돌아보니 기륜을 설치하고 한쪽에서는 총알을 만들고 한쪽에서는 목기를 만드는데 사람이 힘을 많이 들이지 않고도 물건이 다 만들어지니 보기에도 생각하기에도 해괴하고 헤아릴 수 없는 형상이었다.

대완구 국립중앙박물관 소장

114 조선시대에 만든 대형 화포. 지름 30센티미터쯤 되는 쇠나 돌로 만든 둥근 탄알을 넣어 쏘았다.
115 납으로 만든 총알.

7월 26일, 맑음

사상을 모시고 외무성에 도착하니 외무경과 하나부사가 모두 있어서 세금 거두는 일과 금미禁米[116]에 관한 일을 설명했는데 약간의 담화록 초본이 있다.

7월 27일, 흐림

사상이 당상관과 함께 원요관遠遼館[117]에 가니 태정관太政官과 각 성관이 모두 모여 약간의 술상을 차렸는데 이른바 궤연饋宴이라고 했다. 이날 밤 가을바람은 점점 싸늘해지고 고향 생각은 갑절이나 더해져서 시 한 수를 읊었다.

비바람 싸늘하니 판옥도 썰렁한데	風雨凄凄板屋凉
동쪽 바다 만 리 밖에서 객수가 길어지는구나	東洋萬里客愁長
만들어 낸 소득도 없이 집에 돌아갈 꿈을 꾸니	無因做得還家夢
깊은 밤 종소리가 윗방에서 들리는구나	夜半鐘聲出上房

116 문답에서 언급되는 '미곡불가교역米穀不可交易'이란 조항을 말하는 듯하다.

117 1869년 도쿄 도 하마리 궁(浜離宮) 정원에 세워진 별궁으로, 정확한 명칭은 엔료칸(延遼館)이다. 일본 최초의 서양식 석조건축물이며, 주로 영빈관으로 사용되었다. 1882년 임오군란의 사후 수습을 논의하기 위해 수신사로 파견된 박영효 일행이 10월 4일 이곳에서 열린 연회에 초청받아 참석했다. 1887년 지진으로 파괴된 것을 재건했으나 1889년 시설 노후로 해체되었다.

7월 28일, 맑음

장무관을 시켜 각 성에 예물을 나눠 주게 했다(자세한 것은 아래 글을 보라). 동쪽으로 몇 리 나오니 마을에 큰 절이 하나 있는데 센소 사(淺草寺)[118]라 했다. 문 앞에 거리가 통하고 길거리에는 돌길이 거미줄처럼 얽혀 있으며 좌우로는 상점을 열었는데 모두 눈이 어지러워 무용지물이었다. 안문으로 들어가니 장님 무당과 놀이패들이 즐비하게 있었다. 옆에는 원숭이 우리와 비둘기 둥지가 있는데 모두 길들여져서 재주를 부렸다. 차츰 후원에 다다르니 차와 술을 파는 가게에서 탕자蕩子와 유녀遊女가 온갖 장난을 하며 노는데 이 밖에도 괴이한 꼴과 입으로 전할 수 없는 일들이 많았다.

7월 29일, 맑음

진시에 대장성에 가니 하급관리가 앞장서서 지폐 만드는 것을 보여 주었다. 따로 있는 지본紙本을 모양대로 재단해 윤전기에 넣고 모형을 뽑아내니 금방 천만 원 돈이 되어 나오는데, 하루에 나오는 수가 얼마나 되겠는가? 그러나 물가 오르는 것이 다달이 다르고 해마다 같지 않으므로 인정과 사물의 이치란 모두 쉽게 엿볼 수 없는 것이 있다.

---

118 지금의 도쿄 아사쿠사에 위치한 절. 도쿄에서 가장 오래된 절이다.

1820년대 센소 사 그림

7월 30일, 맑음

외무관外務官이 편지로 간청해 육군성에 도착했다. 각 성관이 다 모이자 모두 지나는 이야기를 하는데 찻상(茶床)을 올렸다. 조금 있다가 중위와 소좌가 육군을 지휘해 교련하는 법을 시연했다. 병대兵隊가 3000명인데 모두 흰옷을 입고 포를 메고 앉아서 진퇴進退, 용약踊躍, 격자擊刺[119]의 훈련을 보여 주는데 정예 아닌 사람이 없었다.

8월 1일, 흐리고 비가 내림

이른 아침에 망궐례를 지냈다. 소 시게마사가 와서 차를 마시며 이야기하다가 이내 작별하고 갔다. 관소에서 지내기가 편치 않아 느낀 대로 절구를 읊었다.

동쪽으로 뻗은 지세는 넓은 바다로 들어오는데	東來地勢大洋間
높은 산 허물어 도로가 넓어졌는데	磅破高山道路寬
지나는 사람 산이 평지된 것 모르는구나	行者不知山作地
떠도는 말로 이 땅에는 원래 산이 없었다 하더라	浪言此地本無山

8월 2일, 흐림

모시고 우대신 이와쿠라 도모미(岩倉具視)[120]의 집에 가서 돌아갈 날짜를 알리니 차를 마시며 이야기하다가 진찬珍饌[121]을 내어 종일 단란하게 지냈다. 속관을 따라 정원을 둘러보니 대나무로 담을 돌렸는데 가운데 가봉

119 몽둥이로 때리고 칼로 찌름.

120 1825~1883. 메이지시대의 관료. 1867년 막부에 반대하는 입장을 취해 왕정복고를 노렸으며, 메이지 신정부에서 우대신을 역임했다.

121 진귀하고 맛이 좋은 음식.

假峯에는 아름다운 꽃과 기이한 나무들이 수놓은 비단을 깐 듯하고 대나무 사이에서 한 가닥 물을 끌어들여 네모난 연못에서 졸졸 흘러내리는 소리가 들리는데 연꽃이 가득 차 맑은 향기가 몸에 와 닿았다. 위에는 원각院閣이 날아갈 듯한데 둥근 등이 처마에 달려 대단히 정결했다. 젊은 두 동자가 한쪽에 술자리를 마련하니 신령이 사는 곳같이 담담했다. 종자從者가 여러 차례 내게 시를 지어 달라 하기에 어쩔 수 없이 지어 주었다.

동경에서 제일은 재상의 공원일세	東京第一相公園
우거진 숲에 주옥같은 나무들 하나하나 번성하니	玉樹瓊林一一繁
참으로 창생을 잘 살게 한 뒤에	可是蒼生經濟後
이곳에 한가로이 누워 기쁘게 술통을 열 만하구나	此中間臥喜開樽

이날 떠날 날짜를 알린 뒤에 가져갈 짐들을 먼저 뱃사람들에게 부쳤다.

8월 3일, 맑음

모시고 외무성에 당도해 임원들과 만나 작별의 정을 주고받고 서계의 답장과 각 성에서 마련한 예물을 받아 온 뒤에 바로 답방했다.

8월 4일, 맑음

이른 아침에 외무경이 와서 작별했는데 담초가 있었다. 사시에 관소에서 떠나 신바시에 도착하니 여러 관리가 많이 나와 전별했다. 바로 기차(大

輪車)를 타고 로쿠 강(六郷川)[122]에 와서 한 번 쉬고 쓰루미[123] 선착장(鶴見津) 유미留美와 신도神茶에서도 각각 한참 쉬었는데 모두 승객이 드나들었기 때문이다. 곧 요코하마 출장소에 도착하자 점심을 내었는데 하나부사 요시모토와 모리야마 시게루가 같이 타고 와서 전별하면서 여러 가지로 정성을 표했다. 신시에 다카사고마루(高砂丸)란 배에 탔는데 배 규모가 장려하고 전에 탔던 비각선보다 열 배나 더 컸다. 창방艙房이 상하上下로 나뉘어 있고 짐의 길이와 넓이를 계산해 세금을 냈다. 이때 네 나라 사람이 함께 탔는데 양인洋人을 만날 때마다 기운이 오싹할 때가 많아 가까이 할 수가 없었다. 유시酉時(오후 5~7시) 반에 돛을 펴고 떠났다.

8월 5일, 맑음

바람이 순조로워 배가 나르듯 흘러 나가니 배 밖의 강산 풍경이 말할 수 없이 황홀했다. 도토미 주(遠江州)[124] 경내에 다다라 남쪽으로 한 산을 바라보니 구름이 하얗게 덮였는데 이것이 화산火山이었다. 스루가(駿河)[125]의 북쪽을 지나자 봉우리가 바다 위에 늘어섰는데 인가人家에 가끔씩 사람이 살고 있었다. 밤이 되자 등불이 수십 리에 이어졌는데 이곳은 기이주紀伊州[126] 대도大島라 했다. 마침 남풍南風을 만나 자주 일어났더니 정신이 어지러운 듯해 엎드려 선잠을 잤다.

---

122 도쿄와 가나가와 현을 가르는 타마 강(多摩川)의 하류부.
123 지금의 요코하마 시 쓰루미 구.
124 지금의 시즈오카 현 서부 지역.
125 지금의 시즈오카 현 중동부 지역.
126 지금의 와카야마 현 전역과 미에 현의 남부 지역.

8월 6일, 맑음

묘시에 고베에 당도해 육지에 내려 구관舊館에 도착하니 관소 사람 남녀가 모두 기쁘게 맞아 위로하며 얼음 단지와 포도 상자를 정성으로 올렸다.

8월 7일, 오정午正에 번개 치고 비가 내림

서기관을 효고 현에 보내 문안하고 다시 당상관을 오사카에 보내 작별의 뜻을 올렸다.

8월 8일, 맑음

유시에 출발하여 지토세마루에 도착하니 뱃사람이 모두 낯이 익어 기꺼이 맞아 주었다. 해시亥時(밤 9~11시) 정각에 닻을 올리니 바람은 조용하고 물결은 잔잔해 기쁨을 이루 말할 수 없었다. 일본 사람 우라타 게이(浦田敬)가 같이 타고 나란히 자면서 필담으로 여러 가지 신기한 것을 주고받았는데 내게 시 하나를 보여 주었다.

지구는 하나라 원래 안팎이 없으니	一地球元無內外
사해四海가 모두 같이 사는 것임을 알 수 있네	可知四海皆同生
부상扶桑[127]에는 구름이 끼고 계림鷄林[128]에는 비가 내려도	扶桑雲接鷄林雨

127 중국의 전설에 나오는 동쪽 바다의 해가 뜨는 곳에 있다는 신성한 나무. 또는 그 나무가 있는 곳을 가리

두 나라는 원래부터 순치脣齒의 정으로 지내 왔다네 兩國從來脣齒情

바로 화운해 주었다.

짐 보따리 수수하여 적적해지는데 行李蕭蕭復寂寂
이 밤에 그대 만나니 감회가 새롭네 逢君此夜感懷生
같은 배로 만 리를 여행했을 뿐 아니라 不啻同舟行萬里
아름다운 시 한 편 받으니 가장 정에 넘치네 瓊琚一幅最多情

강제로 부산 관소에서 뒷돈을 주었다.

8월 9일, 맑음

이날 하늘은 개고 기후는 청명한데 물결은 비단 같아 멀리 미하라(三原)[129]의 봉우리를 바라보니 푸르게 빼어났고 수삼십 리에 걸쳐 이어진 골짜에는 인가의 푸른 연기가 땅에 깔렸으며 언덕에 이어진 밭에는 메밀과 기장들이 푸르고 누렇게 밭둑을 가득 채우고 있다. 다시 1000여 척의 어선이 나카스(中洲)[130]로 거슬러 올라가니 그림 같지 않은 것이 없다. 바다 안개가 거두어지자 물결은 거울 같은데 어느새 밝은 달이 한가운데 떠 있

키는 말로 일본을 지칭할 때에도 씀.
128 신라의 옛 이름으로, 조선을 이르던 말.
129 지금의 히로시마 현 도시.
130 후쿠오카 시의 나카가와와 하카타가와 사이에 위치한 작은 섬.

었다.

8월 10일, 맑음

묘시 정각에 시모노세키 항구에서 조금 쉬는데 협동사 사람이 술과 안주를 가지고 와서 위로 겸 작별하는 감회를 시로 지었다. 나도 즉석에서 절구 하나를 지었다.

채색 구름 사이로 아침 해 솟아오르며	曈曈朝日彩雲間
우리의 시모노세키 도착을 반기는구나	差喜吾行到赤關
고향 사람에게 소식 전하는 것을 서글퍼하지 마라	寄語故人莫惆悵
넓은 바다 한 번 건너면 고향 산천이라네	洪流一渡卽鄕山

오시에 화륜선이 출발하니 풍랑은 조금 크게 일지만 부수副手[131]에게 주선하도록 맡기었다.

8월 11일

비바람이 펄렁거리고 운무가 자욱해 화륜선도 믿을 데가 없이 바깥 바다에서 흔들리며 요동을 쳤는데 뱃사람이 말하기를 이곳은 기장機張과 울산蔚山 경계라 바로 배를 돌려 수백 리 길을 돌아왔다고 했다. 미시에 흑암

---

131 부선장副船長을 말하는 듯하다.

黑巖 안바다에 와서 정박하고 각각 작은 배를 타고 바로 부산에 도착해 본부本府에 통문通文을 전했다.

8월 12일, 맑음

아침을 먹은 뒤에 본부에 도착했다.

8월 15일, 맑음

피로에 의한 몸살로 간신히 사배현沙背峴[132]에 도착해 사상에게 작별을 아뢰었다.

132 경상남도 양산시와 부산광역시 사이에 위치한 고개.

동도일사

문답

7월 6일

외무소보 요시카와 아키마사와 변리공사 하나부사 요시모토가 권대서기 사쿠라다 지카요시와 함께 관소에 와서 주고받은 문답.

요시카와 귀국의 사신은 이번 행차에 며칠 머물 것인가?

나 한 보름 계획하면 일을 마치고 도로 떠날 수 있을 것이다.

요시카와 병사兵士의 기숙사(寮舍)와 기국機局[1]은 볼 것이 꽤 많은데 여행 기간이 이처럼 촉박한가?

나 종전 통신사의 행차는 이보다 더 되지 않았다. 또한 병학兵學과 기계器械는 이 사신이 어수룩해서 평소에 아는 바가 없어서 보더라도 도움될 것이 없다.

요시카와 태평양 뱃길은 대단히 험하고 또 세이쿄 오사카 성(大坂城)은 볼 만한 것이 많이 있으므로 돌아올 때 육로로 7일밖에 안 걸리니 이렇게 해

---

1 병기를 만드는 관아. 기기국機器局.

오사카 성

보도록 하길 바란다.

나 지도는 대단히 고맙지만 올 때 수로로 갔다가 오라는 명을 받아 육로로 올 수 없다.

하나부사 홍 강수관講修官[2] 과 조 대장大將은 모두 평안히 잘 계신가?

나 모두 편안히 잘 계신다.

하나부사 예조판서(禮判)는 윤 공公[3] 인가?

---

2 홍우창洪祐昌(1819~1888). 조선 말기의 문신. 1866년(고종 3) 정시 문과에 병과로 급제하여 홍문관 부수찬, 사간원 헌납을 지내고 1875년(고종 12) 8월 황정연黃正淵의 뒤를 이어 동래 부사가 되었다. 1879년(고종 16) 강수관으로 일본 대리공사 하나부사 요시모토의 접반관接伴官이 되어 원산, 인천 등지의 개항을 서두르는 일본의 진출을 저지하기 위해 노력했다. 그 후 형조판서, 예조판서를 지냈다.

3 윤자승尹滋承(1815~?). 조선 말기의 문신. 1859년(철종 10) 증광문과에 급제, 이조 참의·사간원 대사간과

나 윤 공은 몇 해 전 부관副官이다.

하나부사 공이 주간하는 일은 미야모토 오카즈가 전적으로 관장하는데 나도 따라서 말하는 바가 있을 것이다.

요시카와 혼간 사는 바로 옛날에 통신사 일행이 머물던 곳인데 여름에는 좁지 않겠는가?

나 신행이 전에 이 절에 묵은 것은 과연 이미 들었는데 집이 훤하게 넓어 다행이라고 했다.

요시카와 만약 어려운 점이 있을 때는 즉시 알려 주면 힘닿는 대로 도와주겠다.

나 아직 어려운 일은 없지만 혹 말할 것이 있으면 말씀하신 대로 알려 주겠다.

하나부사가 사쿠라다를 보며 말하기를 여관에 대한 모든 일은 대부분 이 사람이 주선했다고 한다.

나 당신네 대서기가 갑자기 신바시에서 맞이해 위로해 주시고 여기까지 모셔다 주셔서 대단히 마음이 편안치 못했다.

(내가 또 말하기를) 이 사신이 바다를 건너는데 병이 있어서 어쩔 수

승지를 지낸 뒤 1865년(고종 2)에 전라도 암행어사로 출두해 관기를 다스리고 잠시 의주 부윤을 지냈다. 1868년 다시 상경해 병조 참판·사간원 대사간·예조 참판을 여러 차례 거듭 맡아보았고, 호조 참판·한성부 판윤·성균관 대사성을 역임하면서 도총부 부총관을 겸하고 있다가 1876년 한일수호조규 때 접견대신 신헌申櫶의 부관으로서 일본과 국교를 맺고 조선이 개항하게 되는 조약 교섭의 실무진으로 활약했다. 그 뒤 공조 판서·예조 판서를 지내고 1881년에 경상도 관찰사의 일을 잠시 맡았고, 다시 중앙관계에 예조·형조 판서를 거듭 지냈으며, 도총관을 지내기도 했다.

없이 하루 이틀 조리해야 하므로 재명일까지 기다렸다가 외무성에 가서 서계를 드리려고 하니 공사는 이 점을 양해하고 외무성에 말을 전해 주시기 바란다.

하나부사 말한 대로 하겠다.

이내 함께 일어나 갔다.

7월 8일

날이 밝자마자 역관 등 여러 사람을 데리고 외무성에 가니 경은 외출해서 돌아오지 않았고 대보 우에노 가게노리, 소보 요시카와 아키마사, 공사 하나부사 요시모토, 권대서기 사쿠라다 지카요시가 나와서 영접해 문안 인사를 끝낸 뒤에 서계를 직접 전하면서 주고받은 이야기.

우에노 귀국의 사절이 이렇게 오시니 양국의 친목이 더욱 돈독해 지기를 바랄 수 있겠다.

나 우리 조정은 참으로 양국 친목을 위해 특별히 이번 사절을 보낸 것이다.

우에노 본 성의 경이 마침 외출해 해 질 때나 돌아올 것이다. 내일 다시 와서 서로 만나면 좋겠다.

나 말하신 대로 하겠다.

우에노 양국은 본래부터 형제의 나라로 병자년 신행이 60~70년 되었는데도 아직 소원疎遠하니 이번에는 병자년에 비해 친목을 새롭게 하고 정의情誼를 튼튼히 해 간격이 없도록 해야겠다. 우리 나라는 청국이나 다른 나라의 사행과 같은 예우로 대접한다는 서계이니 보면 다 알 것이다. 이에 따른 공적인 사무가 있으면 당연히 편의를 도모할 것이다.

나 반드시 두 나라가 동등한 이익을 받게 되면 대단히 좋겠다.

우에노 (기뻐하며) 좋은 말이다. 귀국 사절이 이번에 오면 우리 황상이 당연히 인견引見할 것이고 각 부 장관은 예에 따라 상견례를 하겠다.

나 귀국 황상이 인견하라는 명이 있으면 감히 받들지 않으리오마는 각국 사행의 예법을 본국에서는 알지 못하고 있으니 종전 신행의 예에 따라야 할 것이다.

우에노 일본은 명승지를 유람할 데가 많으니 관소에 머무는 동안 때때로 구경하면서 하나하나 알려드릴 것이다.

나 본국 규칙으로는 사행은 공사公事가 아니면 한가롭게 유람할 수 없다.

우에노 귀국 법은 본래 이러한가? 아니면 혹 이번에 특별히 명을 받은 것인가?

나 국법이 본래부터 이렇다. 이번 사행이 따로 명을 받은 것은 아니다.

우에노 병자년의 신사도 역시 몇 군데 유람했는데 이 예를 어찌 그만둘 수 있나?

나 이 일도 역시 들어서 알았다. 성의가 이와 같으니 한두 곳은 그리하고 그 밖에는 혹 수행원이 대행하게 하라.

우에노 우리는 이미 친구니 비단 공무로 만날 뿐 아니라 끊임없이 좋게 어울려 우리 집에도 와 주기를 바란다.

나 아직 일이 끝나지 않아 한가롭게 나갈 수는 없으나 좀 기다렸다가 행차하기 전에 한 번 찾아가 이야기하겠다.

하나부사 이다음에 공무로 귀국 사신이 말할 것이 있으면 외무성 상판商

辦에게 오고 우리 나라는 귀국 관소에 가서 의논할 것이다.

나 지적해 가르쳐 주니 고마운 일이다.

우에노 신문을 보니 귀국 신사가 글씨를 잘 쓴다는데 본받을 글씨를 주시기 바란다.

나 본 신사는 글씨 쓸 줄 몰라 귀국에 들어왔을 때도 붓을 잡은 적이 없다. 혹 수원隨員[4] 중에 글씨 쓰는 사람이 있었는데 이게 잘못 전해진 것 아닌가?

우에노 아니다. 신문에서 전한 것은 부산에서 온 사람이다. 들으니 귀국 신사는 문망文望이 있다고 했다.

나 이것은 혹 잘못 전해진 것이다. 대단히 부끄럽다.

바로 작별하겠다고 말하자

우에노 우리 나라 법은 공사로 서로 만날지라도 반드시 당일에 답방을 한다. 조금 있다가 찾아가 인사하겠다.

나 돌아가서 기다리겠다.

7월 8일

대보와 공사, 두 사람이 관소에 와서 두 당상과 함께 나가 영접하고 안부 인사를 끝냈다.

4 외교사절을 수행하는 사람.

우에노 귀하의 사행은 기일이 촉박해 그동안 사무를 모두 마치기 어려울까 걱정이니 내일이라도 즉시 의논해 결정해야 되겠다.

나 내일모레 귀하의 성 경을 만날 것이니 그 후에 말해도 늦지 않다.

우에노 서계 중에 세를 결정하는 일은 이미 보았는데 내 말은 성 경과 다름이 없다. 내 말도 역시 나 혼자의 의견이 아니라 정부의 의견이다. 나와 상의해도 무방하다.

나 대보와 경이 다름없다는 것은 잘 알고 있으나 이번 사행은 단지 귀 공사가 과년에 멀리 찾아왔을 때 부과한 것이라 이번 의논은 오로지 정세定稅[5] 하나만 논의하기 위한 것이 아니다. 하지만 상의할 것이다.

우에노 이것은 참으로 당연하다. 만약 이번에 귀 정부가 의논한 금액이 있다면 우리 정부는 각국에 통용되는 중세重稅[6]를 평준하게 함이 마땅한데, 이번에는 아직 바로잡지 못했으므로 다시 이 일로만 사행을 보내 올 것인지 또는 공사가 갈 때 타협해 결정해도 무방한지, 귀 정부에서 당초에 금액을 정하지 않은 것은 대단히 한탄스러운 일이다.

하나부사 작년에 내가 이 일을 이미 편지에 진언한 바 있는데 이번 사행이 세액稅額을 정하지 못하는 것은 과연 한탄스러운 일이다.

나 작년 공사의 서한은 나도 들어서 알고 있다. 이번에 귀측에서 한탄스럽다고 말하는 것은 참으로 서로 아끼는 정리情理에서 나온 것이라 도리어 대단히 고마운 일이다. 또한 이 사행의 서생書生은 상무商務를 잘 몰라 떠맡아서 처리할 수 없다 할지라도 귀 성에서 지적해 말해 줄 것이 있다

---

5 조세를 정함. 또는 그 조세.
6 무겁게 매긴 세금.

면 당연히 돌아가 이대로 품의稟議해서 이 일 때문에 다시 사행을 보내지 않도록 하겠다. 각국의 상무를 평소에는 잘 모른다. 다만 본국은 예로부터 중국을 따라 움직였는데 요즈음에 와서 귀국과 청국과의 통상 규칙을 본즉 만약 한결같이 이 예에 따른다면 세액은 힘들이지 않고 정할 수 있는 일이다.

우에노 청국은 우리 나라와 통상하는 곳이 한 곳에 그치지 않기 때문에 물정物情이 각각 달라 그 예例를 준용하지 못한다.

나 국토가 이미 다르니 물가도 같지 않다는 것은 알고 있는 바라 한 물품의 세가 근소한 데까지 같게 하려는 것은 아니다. 100분에서 몇 분 뽑아내는 방법이라면 비슷하게 본떠서 시행할 수 있을 듯하다.

우에노 세를 받으려고 한다면 세액뿐만 아니라 해관海關[7]에 규칙이 있어야 한다. 하나부사 공사가 빈번히 귀국에 가고 또 상무에 익숙하니 사신이 몸소 와서 강습을 받을 것이 아니고 수행원만 파견해 사사로이 의논하는 것이 좋겠다.

나 하나부사가 해마다 우리나라에 사신으로 나오니 친분이 남다르고 또 사정을 잘 알고 있으니 잘 지시해 양쪽이 편하도록 도모하겠지만 수행원을 보내는 것은 가서 의논하겠다.

우에노 이 일은 공사와 함께 의논할 일이고 우리 정부와 본 성이 의논할 일이 못 된다.

나 이 말이 참으로 타당하다. 공사와 사적으로 의논해도 초안을 만들 수 있을 것이니 돌아가서 품의하겠다. 우리 조정이나 귀 정부와 귀 성이 꺼리

---

7 1883년(고종 20) 항구에 설치한 관아. 1904년(광무 8)에 세관稅關으로 고쳤다.

는 것은 당연한 일이다.

우에노 우리 나라는 요즈음 부강해지는 기술을 모두 터득했다. 귀국도 부강해지기를 원하는 만큼 상무가 왕성하게 일어나기를 바란다. 요즈음 세계의 형세가 일본의 힘으로는 감당할 수가 없어 순치의 도움이 있어야 하니, 귀국과 함께 동심동력同心同力으로 군무軍務나 기계 등 어느 곳이나 서로 이끌어 구라파歐羅巴의 웃음거리가 되지 않게 해야 할 것이다.

나 귀국의 왕성한 의욕이 이러하고 우리나라와 우리 정부에 일찍 알게 해 주어 감사함을 금할 수 없다. 그러나 우리나라 강토疆土가 한구석에 있고 서쪽에는 청국 동쪽에는 귀국이 있는데 그 밖의 다른 나라는 처음부터 경계를 접하지 않고 왕래도 없으므로 조야朝野[8]의 인심이 옛 규정만 지키니 오늘날의 사세가 실행하기 쉽지 않은 바가 있다.

7월 9일

외무성 대서기 미야모토 오카즈가 관중에 와서 주고받은 대화.

그 사행의 일이 완전히 끝나려면 시일이 걸릴 것이니 한가한 틈을 이용해서 나가 피서하기 바란다. 우리가 살고 있는 곳은 성 밖에 있어서 제법 숲속의 정취가 있으니 한 번 와 주시기 바란다.

나 성의는 고마우나 일이 끝나기 전에는 한가롭게 나갈 수가 없다. 나라의 규칙은 그러하나 떠날 때 한 번 찾아뵙고 사례드리도록 하겠다.

그 외무경이 어제 집으로 돌아갔는데 내일 접견하겠는가?

---

8 조정과 민간을 통틀어 이르는 말.

나 내일 가서 방문하겠다.

그 내일은 일요일이라 관민官民이 다 휴업하니 급히 처리할 일이 아니라면 자세히 알아보고 가야 될 것이다.

나 그렇다면 모레도 괜찮으니 알아보고 알려 주기 바란다.

그 요즈음 도착한 나라의 국사國使가 각 부와 원院을 역방歷訪[9]해 서울에 주재하는 각 공사와 왕래하는데, 양국에 군대를 출동시켰더라도 사신은 거리낌이 없이 상종하는 것이 바로 공법公法이다. 귀국은 아직 각국과 통교하지 않아 이 예에 따르지 않으려고 하지만 청국 공사는 서로 만나는 게 좋을 것이다. 만약 뒷날에 갔을 때 청사清使가 자리에 있거든 안 된다고 하지 마라.

나 귀하의 말이 곡진해 사정이 나로 하여금 스스로 하라는 말은 이보다 더 고마울 수가 없다. 각 국사를 만나면 안 된다고 할지라도 청국 공사는 꼭 오고 가며 서로 방문할 계획이다.

그 청국은 우리 나라와 사정이 있는데 혹 들어 알고 있는가?

나 귀국 경내境內에 들어와 신문을 보았으나 자세한 것은 모른다.

그 우리 나라는 귀국이 독립한 나라임을 알고 있으나 유럽 사람이 말하기를 귀국이 청국에 붙어서 우리 나라로 하여금 청의 주변 국가를 먼저 엿보게 해 일찍이 귀국으로 눈을 돌리게 되었다 하니 이는 참으로 걱정되는 바다. 또 들으니 아인俄人[10]이 흑룡강黑龍江에서 병함兵艦을 수리하는데 앞으로 동북쪽 바다로 향할 것이라 한다. 우리 나라가 원산元山에 신항을 설

---

9 여러 곳을 차례로 방문함.

10 러시아 사람.

치하고 있는데 이와 충돌하게 될까 더욱 은연중에 걱정된다.

나 ○○ 차단해 보호했고 일찍이 외○와 ○○[11]한 적이 없다. 우리나라는 청 조정과 정의情義로는 한 나라 같을지라도 강토는 각각 달라 정치와 교육이 자주적이어서 유럽 사람의 이야기는 크게 다른 것이므로 귀국은 반드시 이 문제를 가지고 변명해야 할 것이니 외국의 사정이 돌아가는 기미는 듣는 대로 먼저 알려 주기 바란다.

그 신문에서 전하는 바가 많을지라도 그대로 믿어서는 안 된다는 것은 보면 다 알 수 있는 일이다. 천하사天下事[12]의 기미가 만약 부산으로부터 나가사키(長崎) 지방에서 잡히면 상해공보上海公報도 계속해서 들을 수 있으며 1년에 드는 비용은 아주 저렴하다.

7월 10일
하나부사 공사가 관소에 와서 주고받은 문답.

그 우리 나라의 일은 올 때 이미 들어 알고 있는가? 이리伊犁[13]의 한 사건 때문에 숭후崇厚[14]가 죄를 받게 되었으므로 양국兩國이 지금 군병軍兵을 일으키려 하고 있다. 듣자하니 다시 사신을 파견했다는데 어떻게 결판날지 모르겠으나 변방邊方의 유혈 사태가 이제부터 벌어질 것이다.

나 숭후의 일은 북경 사행이 돌아오는 편에 들었으나 그 후 과연 사신을

---

11 원문이 훼손되어 내용을 확인할 수 없음.

12 제왕이 되려고 하는 사업.

13 중국 신장웨이우얼자치구 서북부 러시아 국경에 가까운 분지.

14 1826~1893. 청나라 말기의 대신. 1878년에 러시아에 사신으로 가서 조약을 체결했다.

보냈는가? 일단 외무성에 가서 담판을 하는 것이 좋겠다. 세안稅案[15]도 역시 어리석게 된 곳도 있다.

다소간 지도해 주면 좋겠다. 외무성에 한번 가서 대면하고 귀국 각 항구의 규칙을 협의해야겠으니 한번 들러 알려 주기 바란다. 요즈음 들으니 귀국에서 세칙의 개정을 논의한다는데 이 일이 귀결되면 우리나라도 이 예를 참조해서 협의해 타결되기를 희망한다.

그 10년 동안 이미 규약을 고치려고 의논했는데 아직까지 결말을 보지 못하고 대약大約은 명년에나 정할 수 있다고 말씀하시니 이 예를 적용하고자 하는 것은 참으로 이상할 것이 없다. 각국 사정이 서로 같지 않으나 대개 통상이 시작되면 개통이 되어야 하는데 여기까지 도달하는 데 몇 년이 걸려야 이 예를 시행할 수 있는가?

나 일을 만드는 데는 처음이 걱정이다. 만약 귀국이 정한 세를 일찍 시행하는 데에 10년이 걸리도록 의논해도 개정은 어렵다. 앞서 드린 세제稅制초고草稿는 본래 조정에서 명령한 의도가 아니고 본 사신이 단지 중동화약中東和約을 감안해 100에 5를 뽑아낸 것이다. 만약 이대로 돌아가 보고하면 우리 조정에서는 틀림없이 다른 나라는 100에 30을 뽑았으니 이것은 6분의 1이 되어 경중輕重이 하늘과 땅 차이라고 할 것이다. 본 사신이 죄를 짓게 되는 것은 물론이고 세제의 일은 협정되는 날이 없게 될 것이며 양국의 성신誠信은 이로 인해 신의가 없어질 것이다. 본 사신은 이 점이 두려운 것이지 구구한 이해가 있기 때문이 아니다.

그 나는 비록 손해가 있더라도 참으로 귀국에 이익이 된다면 조정에서

---

15 세금 징수 장부.

논의를 시행하려 할 것이므로 귀국 화물에 세를 징수하지 않는 것이다.

나 우리 화물에 징세하지 않는 것은 우리 상민商民을 이곳에 오게 한다면 그런 줄 알겠지만 우리 상인이 처음에 오지 않았으니 누가 알겠는가? 대체로 조야에서 의심이 풀리지 않아 일마다 장애가 되므로 귀국의 계획을 모두 공평하게 해 우리나라로 하여금 이익이 되는 바가 있음을 환하게 알 수 있도록 한 뒤에야 교린이 더욱 친밀해질 것이다.

그 상세商稅[16]에 대한 법은 천천히 화물의 성쇠盛衰를 봐 가며 참작해서 정해야 혼란스럽지 않다. 모든 화물을 거론해서 세액을 경직하게 매기기 때문에 몇 년간 무역이 정체될 수도 있다.

나 이 일은 당연히 외무성과 대면해서 말해야 하니 나 대신 먼저 말해 주기 바란다.

그 내가 기회 있을 때마다 주선하겠다. 또 말하기를 서쪽 항구의 일을 우리 나라는 반드시 인천으로 정하고자 하는데 귀국에서는 왜 계속 거부하는지 모르겠다.

나 인천에 대한 일은 조정의 의논이 전과 다름없어 다시 논의하면 안 된다. 우리나라는 이미 교동喬桐[17]이나 남양南陽[18]으로 말하고 있으며 처음부터 경기 연안이 아니면 허락하지 않았다. 이제 와서 두 곳 중에 항구를 지정한다면 안 될 것은 없지만 개항을 어쩔 수 없이 7~8년 기다려야 한다. 경기 연안의 민심은 하루아침에 가라앉게 할 수가 없다. 또 지금 원산의 일은 초창기에 보를 쌓는 비용이 많이 들었으므로 이제 와서 항구를 좌우

16 상인에게 받는 세금.
17 지금의 인천광역시 강화군 교동면.
18 지금의 경기도 화성시 남양동.

할 의논을 하는 것은 아무래도 대책이 없을 것이니 다시 원산 북항北港이 흥왕興旺하기를 기다렸다가 세액을 협정한 뒤에 시도하는 것이 자연스럽다. 시일이 이미 늦었다.

그 (대답 없이 있다가 말하기를) 적어 보여 준 미곡米穀에 대한 서계는 분명하지 않았다. 또 각하가 앞서 우에노와 만났을 때 사신이 무엇을 주간하느냐 물으니 단지 보빙報聘[19]과 별폭別幅[20]에 있는 정세 하나뿐이라고 했는데 지금 갑자기 이것을 적어 보여 주니 외무 여러 분은 의심이 없을 수 없고 또 공사가 그 사이에서 지나기도 몹시 편치 않다.

나 미곡은 별다른 일이 아니라 세액 원고原稿 중 한 건이다. 또 우리나라는 이때까지 미곡을 허통許通[21]한 적이 없으므로 중간에 조약을 고치는 것과는 자연히 다르다.

그 미곡을 통상하지 않으면 우리 상민이 무엇으로 양식을 하나?

나 단지 바다에 나가 장사하는 것만 금하니 개항하는 곳의 양미糧米[22]는 처음부터 구애받는 일이 없다.

그 유무有無를 상통相通함에는 미곡이 중요한데 어떻게 일체 금지하나?

나 우리나라는 오직 삼남三南에서만 곡물을 생산하고 나머지 다섯 도는 그들이 실어 올 때만 바라보아서 늘 부족할까 걱정한다. 만약 물에 빠져 도착하지 않으면 온 나라가 앉아서 곤란을 겪으니 어찌 엄중히 방비하지 않겠는가?

---

19 이웃 나라의 방문을 받은 데 대한 답례를 하는 것.
20 따로 봉하여 보낸 서신.
21 지위가 다른 사람이나 집안끼리 서로 교통을 허락함.
22 양식으로 쓰는 쌀.

그 지난 병자년에 나는 부산에서 살았는데 홍 공公이 부사여서 이와 같이 참혹하고 황량해 내가 쌀을 실어다가 기민饑民을 진휼賑恤해야 한다고 말하니, 공이 답하기를 정부 공문이 있은 뒤에야 의논할 수 있다고 하므로 내가 즉시 돌아가 고해 정부에서 쌀 2만 석을 내기로 했는데, 날마다 공문을 기다려도 영향이 없으므로 그대로 두었다. 이듬해 내가 경성에 갔을 때는 홍 공이 강수관이었으므로 이 일을 들어 말했더니 재민災民이 진휼받지 못한 것을 몹시 한탄했다.

나 이때 나는 외임外任이어서 자세히 듣지 못했다.

그 해관 규칙은 내가 여러 차례 말했으나 귀국에서는 감당할 수 없는 사람을 채용해 해관을 주관하게 하니 어떻게 검사하겠는가? 미곡에 대해 말하자면 선적 화물이 드나들 때는 반드시 사람이 배에 올라 살피는데 어찌 모를 까닭이 있겠는가? 적어 보여 준 것 중에 잠수潛輸[23] 두 글자는 일러 주지 않은 것이다.

나 해관을 경유하지 않은 폐단도 많은데 감추지 않고 어쩌겠는가?

그 미곡을 반드시 막으려 한다면 앞으로 말썽이 있을 것인데 '득수출입得輸出入'이란 네 글자는 무슨 뜻인가?

나 어째서 본문을 잘 연구하지 않는가? 병자년에 우리 정부가 적어 보낸 글에 '미곡불가교역米穀不可交易'이란 조항이 있는데 통상 장정章程[24] 제6칙에 항구에 머물러 사는 인민의 양미는 수출입으로 얻는 양미를 제외하고는 출입을 허가할 수 없다고 되어 있으니, 입장을 바꿔 생각하면 계약에

23 몰래 감추어 실음.
24 여러 조목으로 나누어 마련한 규정.

위배되는 점을 고집하고 있음을 알 수 있다. 더구나 중동화약에 분명히 미곡은 금지 조항에 위반된다는 조문이 있고 또《초사태서기初使泰西記》[25]에 청국 공사와 러시아 사람이 미곡을 금하기로 담판할 때 러시아 사람도 역시 힐난하지 못했다.

그 요즈음에는 우리 나라와 청국 모두 미곡을 금하지 않는다.

나 이 일은 그렇지 않다. 우리나라 역시 배가 있어 바다를 달린다. 풍년이나 흉년에 무역으로 출입을 서로 보상하면 금지하지 않아도 된다. 그러나 이제는 새는 틈만 있고 막을 방법이 없으니 어찌 금하지 않을 수 있는가?

7월 26일

외무성에 가서 이노우에 가오루, 하나부사 요시모토를 만나서의 공무公務.

나 세칙 초고를 만들어 공사에게 보내 보였는데 20일쯤에야 만나서 의논하겠다 해서 바로 편지를 써 보내 23일이 괜찮다면 며칠 후에 내가 또 나가겠다고 했는데, 왜 육조六曹 판서를 다시 만나지 않는가? 이것은 이미 시행한 일인데 어찌 그럴 수 있는가?

그 나는 할 말을 다해 다시 청할 게 없으니 서서히 다시 생각해 보도록 하자.

나 다시 생각해 보니 세 대신만 만나면 좋겠다. 세칙의 일은 지금 초안을

---

25 중국의 첫 외교사절단의 일원이었던 즈강(志剛, 1817~?)이 1868년 2월부터 영국·프랑스·스웨덴·덴마크·네덜란드·프러시아·러시아·벨기에·이탈리아·스페인을 방문한 뒤 1870년 10월에 귀국한 경험을 적은 일기.

찍어 내었으니 보내서 보시게 하고 미곡의 일도 역시 상의할 일이 있으니 형편대로 지시해 주시기 바란다.

그 말씀하신 대로 하겠다. 귀국이 세관 규례를 몰라 걱정이다. 내가 전에 세무 책자를 동래부로 보냈는데 어찌해 채택해서 시행하지 않는가? 귀국의 의주義州 세법은 어떠한가?

나 의주 세법은 다른 나라와의 통상에 적용되는 것이 아니고 단지 변문邊門[26]에서 우리나라 사람에게서만 징세하는데 경중 간에 누가 따르지 않겠는가? 귀국의 각항各港 세칙을 한 번 보여 달라.

그 찾아서 보내 드리겠다. 의주 세책은 작년에 하나 얻으려 했더니 강수관이 이미 보여 주기로 허락했으나 아직 보내 주지 않았다.

나 올 때 홍 공이 병으로 서로 작별하지 못했으므로 미처 듣지 못했다.

8월 3일

외무경 이노우에 가오루의 집에 가니 하나부사 요시모토, 미야모토 오카즈, 삼등출사三等出仕 시오다 사부로(塩田三郎),[27] 이등서기二等書記 산노미야 요시타네(三宮義胤)[28]도 자리에 있었다.

그 사신의 깃발이 내일 떠난다는 말을 듣고 간략하게 점심을 차리고 모셔 간절한 말씀을 올리고자 했는데 꺼리는 일을 많이 범했더라도 너무 꾸

26 조선에서 중국으로 가기 위해 거치는, 의주 지역에 있던 문.

27 1843~1889. 메이지시대의 관료. 메이지유신 이후 민부성民部省을 거쳐 외무성에서 근무했다. 외무 대승, 외무 대서기관, 외무 소보 등을 역임했다.

28 원문에는 '三宮義徹'로 표기되었으나, 오기인 듯하다.

짖지 말아 주시기 바란다.

나 마음을 열고 직접 터놓고 말해 주는 고의高意[29]가 감사할 만한 일이다.

그 세계의 대세는 앞서 말했듯이 대단히 급박하다는 사실을 알리고 이로써 전 세계에 펼치고 전국에 지시하는 바다. 러시아(魯西亞)는 넓이로 말하자면, 그 나라의 수도는 유럽에 있으나 중앙아시아 땅과 경계하고 있는 큰 도회都會다. 최근에는 또 두만강(圖們江) 해구海口에 중요한 군진軍鎭과 이름난 시장을 설치했는데 부두에는 군함이 열여섯 척이나 있고 매 척마다 해군이 3000명이나 된다. 이 지역과 귀국 북쪽 변방이 아주 가까운데 그 저의는 귀국 동남해東南海를 경유해 중국 산동성山東省 해안을 돌아 곧장 북경으로 들어가려는 것이다. 만약 산동 해안에 병력을 주둔시키면 그 대안對岸[30]은 귀국 지방인데 무사하게 안전을 보장할 수 있겠는가? 요즈음 각국은 병력을 꾸려 경성에 먼저 들어가야만 일을 해결할 수 있는데 러시아(魯國)가 만약 서북로西北路를 경유하면 북경 가는 거리가 대단히 멀어져 반드시 해로를 경유해야만 빨리 닿게 된다. 과연 중국과 해결책을 찾게 되면 귀국과 우리 나라는 다 같이 그 피해를 입게 된다. 내가 이렇게 간절하게 서두르는 것은 귀국을 위해서가 아니라 사실은 우리 나라를 위한 일이다.

나 터놓고 드러내 보여 주어서 더없이 고맙다. 중국과 노국의 혈맹은 이미 들었으나 두만강에 병력을 두는 일은 우리나라는 전혀 듣지 못했는데 대단히 걱정된다.

그 이 자리의 대서기는 어제 독일(德國)에서 돌아왔는데 이탈리아(意大理)

---

29 상대방의 마음이나 뜻을 높여 이르는 말.

30 강, 호수, 바다 따위의 건너편에 있는 언덕이나 기슭.

지방에서 러시아 해군경을 만나 같은 배를 타고 중국 상해 땅에 와서 길이 갈렸는데 앞으로 연료를 싣고 다시 나가사키 섬으로 온다고 한다. 배 안에서 그의 동정을 살피니 걱정이 되어 대단히 조급했는데 중국 일이 다행히 잘 끝나 빨리 떠나게 되지 않기를 바란다. 만약 날씨가 조금 추워지면 러시아(北地)는 바다가 얼어 군함을 안돈安頓[31]할 수 없으므로 반드시 남쪽으로 돌아서 한 해안을 찾아 머무를 것인데 귀국의 부산항 같은 곳이 가장 걱정되니 이는 중국으로 향하기에 가장 편리하기 때문이다. 이때 귀국 병력은 그들을 막을 수 있겠는가? 러시아 사람이 이곳에 자리를 잡게 된다면 우리 나라의 걱정이 다시 절박해질 터이니 이를 어찌하겠는가?

나 우리나라는 러시아와 국경은 상접해 있을지라도 서로 통상하지 않고 오직 귀국에만 친목하므로 유사시에는 서로 보호해 주기 바란다.

그 만국의 법은 이웃 나라가 서로 싸우면 중립을 지키는 것뿐인데 하물며 우리 나라는 자구력이 넉넉지 못하니 말해 무엇하랴? 금년에 미국이나 프랑스(法國)나 영국이나 각국이 일시에 함께 모이는 것은 무엇 때문인가? 러시아가 아시아에서 뜻을 얻을 수 있어서 세력이 더욱 강대해진다면 유럽 각국은 모두 그들로부터 제약을 받게 될 것이므로 그들은 자립할 수 없게 될까 걱정되어서 귀국과 합종合從하려고 하는 것이다. 만약 각국이 함께 수호하게 되면 후일에 노국은 감히 이유 없이 침범하지 못할 것이다.

나 우리나라는 서양 각국과 통상한 적이 없으니 이런 사정을 어떻게 알겠는가? 다만 이런 곡절을 가지고 돌아가 조정에 품신稟申해야 되겠다.

그 각하가 돌아가 보고할지라도 조정에서는 들어줄 이유가 없다. 그러니

---

31 사물이나 주변 따위가 잘 정돈됨. 또는 그렇게 되게 함.

우리가 어찌 충고하지 않을 수 있나? 서양 각국은 먼저 수호하기만 바랄 뿐이지 서둘러서 반드시 통상을 하려 하지 않는다. 현재 귀국의 계획을 보건대 병사와 기계는 배울 필요가 없고 오직 빨리 몇 사람을 파견해 이곳에 와 머무는 동안 각국의 교제 사정을 상세히 연구하는 것이 가장 시급한 일이니 허술하게 듣지 마시기 바란다.

만약 위험에서 안전하게 회복하고 재해에서 유리해진 뒤에도 성의를 마음에 두지 않으면 다시 말할 수가 없을 것이다.

나 조정에서 명령하는 뜻을 미리 알 수는 없을지라도 어찌 감히 하나하나 상세히 아뢰지 않겠는가?

그 예조의 원서계原書契[32] 외에 각국 사정을 하나로 마련해 별도로 함에 넣어 올린다.

나 귀측의 뜻대로 전해 올리겠다.

8월 4일

떠날 때 외무경이 와서 작별하면서 나눈 대화.

그 공사가 4월에 이미 명을 받고 떠날 채비를 하고 있는데 들으니 파견 사신이 오시는 날짜가 늦어져서 10여 일 후에 떠나보내야겠다.

나 귀 사使가 오시는 것을 우리가 어찌 막으려 하리오마는 이번 행차가 9월 초에 복명復命할 수 있으니 다소 사정을 조정에 알려 충분히 협의하는 데 한두 달이 걸리므로 공사의 행차는 이 점을 헤아려 기일을 늦추는 것

32 조선시대에 조선과 일본 사이에 오고 간 공식외교문서.

이 타당하다. 만약 10여 일 있다가 바로 출발하면 경성에 도착해도 이 행차보다 앞서게 되어 모든 일에 장애가 많게 되는데 어째서 양해하지 못하는가? 또 모든 일은 이미 영사관이 있는데 어찌 공사를 다시 번거롭게 하겠는가?

그 공사가 처리할 일을 영사가 어떻게 감당하는가? 직분이 서로 다른 것이다. 행기行期[33]를 당길 것인지 미룰 것인지 다시 생각해야 한다.

나 시국에 대한 공무를 볼 때는 성의로 서로 믿을 수 있게 해야지 무력을 동원해 어렵게 만들어서는 안 된다. 이 뜻을 반드시 공사가 갈 때 당부하는 것이 좋겠다. 일을 의논함에 공이 통쾌하다면 우리나라 사람이 누가 깨닫지 못하겠는가?

그 만약 사정이 서로 통하게 되면 또 무엇이 섭섭하겠는가? 나는 비록 직언을 할지라도 귀국에서는 전연 깨닫지 못해 이웃 나라에 화근을 만들게 되니 이제 와서 어떻게 나로 하여금 말이 없게 하겠는가?

나 참으로, 진정으로 말한다면 우리나라가 어찌 깨닫지 못하겠는가?

그 앞서 미국의 일은 서계를 보내도 들어주지 않았으니 이제부터는 일마다 서로 알리지 않으려 한다.

나 외무의 성대한 뜻은 우리나라가 이미 알고 있다. 외무 서계가 아니라면 답서가 이처럼 곡진하지 않을 것이다. 하나부사 요시모토가 같이 탄 화륜차를 요코하마까지 보내 줘 내가 차 안에서 그에게 말하기를, 마침 외무경이 와서 작별하며 공사가 나오는 일을 언급했으므로 내가 다시 생각해서 기일을 늦추라고 부탁했더니 그도 그렇게 생각한다면서 외무경이 공사를

---

33 출발하는 날.

만나면 먼저 이 일을 말할 것이라 생각한다고 했다. 공사께서는 꼭 함께 다시 상의하시어 날짜를 물려 정하는 것이 좋겠다. 만약 공의 행차가 너무 갑작스러우면 일이 많이 난처하게 될 것이니 공이 양해해 주셔야겠다.

그 이처럼 가르쳐 주어서 대단히 고맙다.

나 들으니 공사가 판리辦理로 승진했다는데 다음에 올 때 국서國書를 가지고 오는가? 병자년에 이사관理事官이 왔을 때 양국이 사신을 파견할 때는 국서를 휴대하지 않기로 약속했는데 이제 어떻게 위반할 수 있는가? 만약 계급이 높아 체면이 남다르다면 나의 어리석은 생각으로는 정부의 서계를 휴대하는 것이 좀 낫지 않겠는가?

그 외무 서계는 정부가 명령했다는 뜻이다. 우리 나라가 수호를 의논한 지 이미 여러 해 되었는데 양국의 군상君上이 서신으로 더욱 친목을 돈독하게 할 수 있을 것이니 서계로서 당연히 대청에 왕래하는 격식을 사용해야 할 것이다.

나 만약 타국에 나가는 사신이 국서를 휴대하지 않는 것은 흠이 되겠지만 우리나라 규식規式[34]은 전부터 그렇지 않았으니 이 일은 공사가 상세히 알아야 한다. 또 이미 전약前約이 있는데 지금 다시 의논하지 않고 갑자기 어기는 것은 도리가 아니다. 이 일은 갑자기 외무경을 만나서 떠날 차비로 바쁜지라 설명해 드리지 못하니 공사께서는 이 뜻을 가지고 돌아가셔서 의논하시기 바란다. 다음부터는 반드시 외무 서계를 휴대하고 오셔서 이틀 전에 생각해 두는 것이 좋겠다.

그 이제 그대의 말대로 돌아가 의논하겠다.

---

34 정해진 법규와 격식.

동도일사

공문

3월 4일

의정부에서 상고할 일. 이번에 계하啓下[1]하는 전교傳敎는, 부府의 계사啓辭에 "일본 공사가 과세에 관한 일로 일부러 왔는데 교린의 우의로 볼 때 답방을 해야 마땅하겠으니 수신사修信使를 해당 관청에서 임명해 보내되 출발 일자를 적당하게 택일해 먼저 이 일을 왜관倭館에 통보하도록 동래 부사에게 분부하는 것이 어떻겠느냐"라고 했던바 임금이 윤허한다고 답하신 사실을 전교하니, 전교의 내용을 살펴서 시행하기 바란다.

2월 초10일 승정원

4월 12일 관중 왕복

서둘러 알려드리는 일은 우리 정부가 통정대부通政大夫,[2] 전임 승정원 동

1 임금이 직접 안건을 결재하여 허락함.

심동신이 입었던 금관 조복 단국대학교석주선기념박물관 소장

부승지同副承旨[3] 김홍집金弘集[4]을 수신사로 임명해 머지않아 출발할 것이라 관계되는 조례를 미리 의논해 약정하지 않으면 안 되므로 따로 별간別柬을 만들어 통보하니 귀하가 살펴보시고 의견을 알려 주시기 바랍니다.

연 월 일 동래부 백伯 심동신沈東臣[5]

별간

1. 우리나라 배(船隻)는 건조할 틈이 없고 귀국 배를 또다시 번거롭게 하

---

2 조선시대 문신 정3품 상계의 품계명.

3 조선시대 왕명의 출납을 전담하는 기구인 승정원에 속한 정3품 관직.

4 1842~1896. 조선 말기의 관료·정치가. 임오군란 후 한국 전권 부관으로서 제물포조약에 서명했다. 내각총리대신 때 '홍범 14조'를 발표하고, 청일전쟁 후 갑오개혁을 단행했다. 을미사변 후에는 과격한 개혁을 실시했으며, 아관파천으로 친러파에 밀린 후 난도들에게 살해당했다. 저서에《이정학재일록以政學齋日錄》이 있다.

5 1824~?. 조선 말기의 문신. 1850년(철종 1) 경과증광별시문과에 을과로 급제해 사헌부 장령, 성균관 대사성, 이조 참의, 승정원 좌승지를 지냈다. 1878년에 전라좌도 암행어사, 이듬해 동래 부사가 되었는데, 1880년에 조선과 통상하기 위해 내항한 미국 함대의 동정을 조정에 보고했다. 1885년 의금부사 재임 때는 임오군란 당시 청나라로 잡혀간 대원군의 송환을 위해 김홍집·심순택沈舜澤·김병시金炳始와 상의하는 등 힘썼다. 1888년에는 사헌부 대사헌이 되었다.

면 안 되겠으므로 삭선朔船을 빌려 타고 왕래하는 것이 편리하겠다. 귀 관官의 지도를 받은 후에야 군박窘迫한 일이 없겠는데, 뱃삯(船賃)의 다소 등 타합할 일이 있을 경우 서면으로 제시해 주시면 일이 순조롭게 진행될 것임.

1. 여관旅館은 미리 지정해 들어갈 경비를 짐작하시어 적어서 알려 줄 것.
1. 병자년의 예를 따르면 귀국의 역관 10여 명이 같이 탔으나 이번에는 이처럼 번거롭게 할 수 없으니 우라세 히로시(浦瀨裕)[6]에게 부탁해 태랑太郞 몇 사람, 생도 몇 사람, 하인(下代) 몇 사람을 동승하게 할 것임.
1. 상선上船 일자와 수원의 수효는 우리 정부의 통지를 기다려 다시 통보할 것임.

4월 18일에 온 편지

조회照會하신 사항은 귀 정부의 특명으로 통정대부 전임 승정원 동부승지 김○○을 수신사로 임명해 머지않아 출발할 것이므로 관계되는 조례를 미리 의논해 약정 운운해서 귀측 의사를 받들어 먼저 미쓰비시 회사(三菱會社)에 기선을 빌려 타는 일을 명한바, 동사同社의 이사理事 가와부치 마사모토(川淵正幹)가 별단別單[7]과 같이 답장을 올렸으며 기타 여관 등의 일은 별록別錄으로 올리니 양해하시기 바랍니다. 경구敬具.[8]

---

6 원문에는 '浦瀨裕中野'로 표기되었으나, 오기인 듯하다.

7 임금에게 올리는 주본奏本에 덧붙이던 문서나 인명부.

8 삼가 아뢴다는 뜻으로, 한문 투의 편지 끝에 쓰는 말.

메이지 13년 5월 25일 영사 곤도 마스키(近藤眞鋤)[9]

1. 여관에 대한 일은 우리 정부가 이미 설치한 듯하며 그 경비는 귀 사신이 도쿄에 도착했을 때 직접 반접伴接 관원과 의논하는 것이 양쪽에 편한 방법일 것임.

1. 설관 우라세 히로시와 같이 타는 일은 당연히 귀의貴意[10]대로 하겠으나 하대가 같이 타는 일은 임관任官 등으로 하여금 담당하게 할 것임.(우리 기선 관핵환貫劾丸이 6월 25일 왔다가 28일 출항하니 귀력貴曆으로 5월 21일이 상선 일자이므로 이날로 정하면 일이 아주 편리하고 경비도 절감될 것임)

1. 우편선(郵船) 관핵환이 정규 항해할 때 부산에서 고베까지의 편도만 곧장 직선으로 빌려 쓰게 하면 그 경비가 우리 돈으로 2000원임.

1. 우편선을 때에 임박해 새로 빌려서 고베에서 부산까지 직선으로 가면 그 비용이 우리 나라 화폐로 4000원임.

1. 부산포에 머무는 일수는 항구에 도착한 날부터 출항 날까지 5일간에 한하며, 그때 모양으로 일한日限[11]이 넘으면 그 일수를 헤아리는데 정박 경비가 우리 나라 돈으로 1일에 50원씩임.

이 금액은 모두 부산항에서 받을 것임.

1. 우편선의 대용貸用[12]이 결정되면 소약서所約書를 부여할 것임.

위 기사記事는 물으심에 대답합니다.

---

9 1840~1892. 메이지시대의 관료. 교토에서 의사로 지냈고 1870년 외무성에 입성했으며, 1880년 부산포 영사가 되었다. 1887년 조선 대리공사代理公使가 되었다.

10 주로 편지글에서, 상대편의 의견을 높여 이르는 말.

11 일정한 날의 기한. 또는 기한으로 정해진 날.

12 빌리거나 꿔서 씀.

메이지 13년 5월 24일 부산항 우편기선 미쓰비시 회사

가와부치 마사모토

4월 28일 왕복 관중

속달로 아뢰는 것은 수신사의 출발 일자가 우리 달력(曆書)으로 28일이고 발선發船 일자는 6월 25일인 사실을 알려 온바, 지금 막 도착해 이에 통보하니 살펴 혜량하시기 바랍니다.

5월 2일 예조 관關

예조에서 상고하는 일. 지금 계하된 교서에 이번 수신사의 출발 일정을 5월 28일 배가 와서 6월 25일 오시로 택일한 일과 사신을 따라갈 관례官隸[13]는 동래부에서 지정해 보내고 일행의 주방에 필요한 물종物種도 역시 동래부가 마련해 보내라는 일을 계하했으니 내용을 살펴서 받들어 시행할 일이다.

4월 일

13 관가에 속한 하인.

6월 15일 계초啓草[14]

신臣이 일행을 거느리고 이달 15일 동래부에 도착했기에 연유를 치계馳啓[15]하는 바입니다.

서계 초草

대조선국大朝鮮國 예조 판서 윤자승이 대일본국大日本國 외무경 이노우에 가오루 합하閤下[16]에게 서계를 올립니다.

삼가 조회하는 일은 귀국 공사가 여러 차례 우리 경내에 건너오셔서 선린우호가 진지해 우리 정부에 예조 참의 김홍집을 파견하도록 품지稟旨[17]하고 전에 갔던 노고에 답례하는 뜻으로 홍집이 명을 받들어 개진하게 하며 또한 별록을 올리니 여러 가지로 살펴보시기 바랍니다.

귀국의 태화泰和와 태감台監[18]의 기체후氣體候[19] 더욱 다복多福하심을 기원합니다. 경구.

경진년 5월 일 예조 판서 윤자승 올림

---

14 임금에게 올리는 계문啓文의 초고.
15 보고서를 올린다는 뜻.
16 존귀한 사람에 대한 경칭.
17 임금께 아뢰어서 받는 교지.
18 편지 따위에서 '대감大監'을 이르는 말.
19 몸과 마음의 형편이라는 뜻으로, 웃어른께 올리는 편지에서 문안할 때 쓰는 말.

별록

부산항의 수세를 지난 몇 년에 한하여 면제한 것은 참으로 일시적인 조치였으니 지금에 이르러서는 과세 징수를 더 늦출 수 없으므로 이와 관련된 조례를 강정講定[20]해 협정함으로써 장정에 부치게 되기를 바랍니다.

예단禮單

호피虎皮 3영令,[21] 표피豹皮 6영, 청서피靑鼠皮[22] 15장, 채묵彩墨[23] 15동, 각색필各色筆[24] 250병柄, 경광지鏡光紙 15속束, 색접선色摺扇[25] 100파把,[26] 설한단雪漢緞 3필疋,[27] 채화석彩花席[28] 15장張, 황밀黃蜜[29] 21근斤, 색시전色詩箋[30] 25축軸,[31] 백세목면白細木綿 25필, 백면주白綿紬[32] 20필, 백세저포白細苧布[33] 25필, 백목면白木綿 25필, 백저포白苧布 15필.

사예단私禮單

호피 3영, 색접선 60파, 백면지 50속, 진소眞梳(참빗) 20동同,[34] 채묵 15동,

---

20 어떠한 사안에 대해 설명하고 토론하여 결정하는 일.
21 가죽을 세는 단위.
22 날다람쥐나 하늘다람쥐의 가죽.
23 그림을 그릴 때 먹처럼 갈아서 쓰도록 채색감을 단단하게 뭉친 조각.
24 여러 가지 빛깔이나 모양의 붓.
25 접었다 폈다 하게 된 부채.
26 한 주먹으로 쥘 만한 분량을 나타내는 단위.
27 일정한 길이로 말아 놓은 피륙을 세는 단위.
28 여러 가지 색깔로 꽃무늬를 놓아서 짠 돗자리.
29 벌통에서 떠낸 그대로의 꿀.
30 시나 편지 따위를 쓰는 색종이.
31 종이를 세는 단위. 한 축은 한지는 열 권, 두루마리는 하나를 이른다.
32 명주. 명주실로 무늬 없이 짠 피륙.
33 올이 가늘고 고운 흰색 모시.
34 물건을 묶어 세는 단위. 한 동은 먹 열 정, 붓 열 자루, 생강 열 접, 피륙 50필, 백지 100권, 곶감 100접, 볏

표피 3장, 색원선色圓扇[35] 60파, 색필色筆 200병, 백면주 20필, 백목면 60필, 백저포 35필.

행중行中 예단

세저細苧[36] 19필, 세목細木[37] 24필, 면주 9필, 백면지 17속, 색필 215병, 진소 155개, 백저포 17필, 백목白木(무명) 40필, 색지 9속, 색선色扇[38] 65병, 진묵眞墨[39] 195홀笏.

5월 2일

의정부가 상고하는 일. 이번 신사의 행구行具는 분수에 넘치는 것은 일절 생략하고 수행하는 명색도 적절히 줄이도록 했으나 접응接應 절차는 다른 사신의 예에 따라 시행하고 연로沿路[40]의 지공支供[41]은 될 수 있는 대로 모두 간단하게 줄여 각 읍邑의 출참出站[42]과 복정卜定[43]에 관해서는 모두 거론하지 말 것이며 만약 빙자하는 폐단이 있으면 들리는 즉시 관속官屬[44] 만

짚 100단, 조기 1000마리, 비웃 2000마리를 이른다.

35 비단이나 종이 따위로 둥글게 만든 부채.
36 올이 가늘고 고운 모시.
37 올이 가늘고 고운 무명.
38 여러 가지 색깔의 종이나 헝겊을 오려 붙여서 만든 부채.
39 품질이 아주 좋은 먹. 참먹.
40 큰 도로 좌우에 연하여 있는 곳.
41 필요한 물품 따위를 줌.
42 사신을 영접하고 필요한 전곡과 역마를 주기 위해서 그의 숙역 가까운 역에서 사람을 내보내던 일.
43 정기적으로 징수하던 공물 이외에 상급 관아에서 하급 관아로 하여금 필요에 따라 그 지방의 토산물을 강제로 바치게 하던 일.
44 지방 관아의 아전과 하인을 통틀어 이르던 말.

을 엄중히 처벌할 뿐만 아니라 살피지 못한 책임을 물을 것이니 영읍營邑[45]에서는 착실히 유념하고 거행해 엄중한 추궁을 면하도록 함이 의당한 일이다.

5월 18일

의정부가 상고하는 일. 이제 신사의 행기가 점점 가까워짐에 필요한 사항이 끝이 없으니 일의 형편을 생각하면 몹시 걱정되는데 판찰관辨察官 현석운玄昔運[46]이 전錢 4만 냥 중에 2만 냥을 서울에서 이미 교환해 획급劃給[47]했고, 나머지 2만 냥은 순영巡營[48]에서 이미 본 부로 마련해 보냈다는데 이것은 배를 빌리는 비용으로 썼고, 안동준安東晙[49]이 수쇄收刷[50]한 금액은 좌수영左水營에서 무소武所에 대신 갚았는지라 사행의 건량乾糧[51]과 각종 준비물을 빨리 서둘러 마련하지 않으면 안 될 형편이다. 그러므로 도내道內 공납 중에 어떤 용도의 금전을 막론하고 용도에 따라 구획하도록 이제 관문關文을 보내 본 도 순영에 지시하니 이 점을 잘 알고 거행함

---

45 영문과 고을을 아울러 이르는 말.

46 1837~? 조선 말기의 역관. 1858년(철종 9) 식년 역과에서 왜학 전공으로 합격해 역관의 길로 들어섰다. 1873년(고종 10) 부산 훈도 안동준安東晙이 이듬해 8월에 유배당하자 그 후임으로 임명되었다. 1875년 4월 운요호 사건 당시 일본과의 교섭을 맡았으며, 1876년 1월 일본과의 수교를 위한 강화도회담에도 참여했다. 강화도조약이 체결된 뒤인 1876년 4월 4일에는 수신사 김기수金綺秀를 수행해 당상역관으로 일본에 파견되었다. 그해 10월 부산 훈도가 판찰관으로 개칭되자 판찰관 직을 맡았다.

47 주어야 할 것을 한 번에 다 주지 않고 나누어 줌.

48 감영監營. 조선시대에 관찰사가 직무를 보던 관아.

49 ?~1875. 조선 말기의 문신. 대원군의 심복으로 대일 외교를 맡았다. 1873년에 대원군이 거세되자, 귀양살이를 하다가 세자 책봉 문제를 비난하는 글을 써서 1875년에 동래에서 처형되었다.

50 세금을 징수함.

51 먼 길을 갈 때 지니고 다니기 쉽게 만든 양식.

이 의당한 일이다.

5월 27일

무위소武衛所[52]가 상고할 일. 이번 수신사가 탈 배를 사들이려고 무인조戊寅條 상정詳定[53] 대전代錢[54] 중 1만 냥을 떼어 보냄으로써 빨리 떠날 수 있도록 함이 의당한 일이다. 화륜선 한 척을 빌려 타는 데는 은銀 7000원이다.

해신海神 제문祭文

지상地上에 사해가 있으니 동해東海는 특별하네. 신령의 그늘 넓고 깊어 우리나라 종주국宗主國으로 두었네. 자리는 높고 은택恩澤은 크고도 넓어 벼슬 예우 변함없네. 물가를 걷는 걸음 조용하고도 단단하니 출렁이는 파도도 잠잠해지네. 명복冥福이 미치는 바는 누구의 공덕인가? 우리가 이웃과 선린으로 교제하니 그곳에 동방의 화평 있네. 저 옛적 중엽中葉에는 서간書簡으로 처음 통신하고 병자년에 이르러 강신講信[55]을 맺었다네. 이같이 재목材木이 못 되는 몸이 외람되게 특명으로 임금의 부절符節[56]과 대

---

52 대궐을 지키는 일을 맡아보던 관아. 1874년에 두었다가 1881년에 무위영으로 고쳤다.

53 지방이나 중앙의 관청에서 필요한 세액이나 공물액 등을 심사하여 결정하는 것. 또는 조선 후기 함경도, 강원도, 황해도에 실시한 대동법의 하나인 상정법.

54 물건 대신으로 주는 돈.

55 조직체의 성원들이 한자리에 모여서 술을 마시며 신의를 새롭게 다지던 일.

56 돌이나 대나무·옥 따위로 만들어 신표로 삼던 물건. 주로 사신들이 가지고 다녔으며 둘로 갈라서 하나는 조정에 보관하고 하나는 본인이 가지고 다니면서 신분의 증거로 사용했다.

장의 영기令旗[57]를 받았으니, 왕령王靈(염라대왕의 넋)을 공경하고 충의로서 험난한 일 사양치 못할진대 하물며 수신사임에랴? 일찍이 행리行李를 조심스럽게 꾸리고 변경에 이르러 날을 받아 배를 띄우니 무엇을 두려워하고 의심하리오? 밝고 밝으신 신령께서는 내려오셔서 자비를 베푸소서. 왕사王事는 지극히 중요해 사심私心으로 될 일이 아닌지라 화살처럼 빨리 실려 가도 놀라지 않고 책상에 안정하고 앉아 있네. 회오리바람(飈風)을 편안히 보내니 장무瘴霧[58]가 훤히 열리고 별이 뱃길을 말해 주는데 이내 저녁으로 접어드네. 우모紆謨[59]는 먼 곳 사람을 부드럽게 하니 나라의 정책이 이루어짐일세. 그들을 식구로 만드는데 변화가 없다면 누구를 꾸짖을 것인가? 이로움은 갔다가 금방 돌아오니 다 같이 영령英靈의 은덕이 맺어짐일세. 목욕재계하고 경건한 마음으로 제祭를 올림에 살찐 희생犧牲 향기가 무럭무럭 오르니 여러 가지로 도움을 내리시고 나의 맑은 술잔을 흠향歆饗[60]하소서.

6월 25일 계초

신이 인솔한 일행과 함께 동래부에 도착한 연유는 이미 치계했거니와 이달 22일 부산진에 도착하고 24일 자시子時(밤 11시~오전 1시)에 해신제海神祭를 설행設行하고, 25일 오시에 화륜선을 타고 떠났으며, 바다를 건널 때의

57 군중軍中에서 군령軍令을 전달할 때에 쓰는 깃발. 두 자 남짓한 푸른 비단으로 만들었는데, 가운데에 붉은 색으로 쓴 '영令' 자가 있기 때문에 붙여진 이름.
58 눅눅하고 무더운, 독기가 서린 안개.
59 꾀를 엮다.
60 신명神明이 제물을 받아서 먹음.

상하上下 인원 수효를 다음과 같이 후록後錄해 치계하는 바입니다.

연 월 일

1부를 의정부에서 삼군부三軍府[61]에 베껴 통보하고 순영에는 본 부에서 베껴 통보함.

당상관 절충장군折衝將軍[62] 이종무李宗懋

상판사上判事 전 봉사奉事[63] 김윤선金允善

전 훈도訓導[64] 변종기卞鍾夔

별견한학당상別遣漢學堂上 숭록대부崇祿大夫[65] 이용숙李容肅[66]

군관軍官 전 중군中軍[67] 윤웅렬尹雄烈[68]

전 낭청郎廳[69] 최원영崔元榮

서기 사헌부 감찰監察[70] 이조연李祖淵[71]

---

61 조선 후기에 중요한 군무를 의논하던 관아. 1868년에 비변사를 없애고 대신 설치했다가 1872년에 없앴다.

62 조선시대 무신 정3품 당상관의 품계명.

63 조선시대 돈녕부와 각 시寺·사司·서署·원院·감監·창倉·고庫·궁 따위에 둔 종8품의 관직.

64 조선시대 서울의 4학과 지방의 향교에서 교육을 담당한 정·종9품의 교관.

65 조선시대에 둔 종1품 문무관의 품계. 1865년부터 종친과 의빈儀賓의 품계에도 아울러 썼다.

66 1818~?. 조선 말기의 정치가. 1866년(고종 3) 미국 상선 제너럴셔먼호가 대동강을 거슬러 황주에 올라오자 역관으로 목사牧使 정대식丁大植을 수행해 접견했고 1876년 별견 한학당상이 되어 수신사 김기수의 수행원으로 일본에 다녀왔다.

67 조선시대에 각 군영에서 대장이나 절도사, 통제사 등의 밑에서 군대를 통할하던 장수.

68 1840~1911. 조선 말기의 무신. 1856년(철종 7) 무과에 급제, 여러 관직을 역임했다. 윤치호의 아버지다. 1880년 일본으로 파견된 수신사 김홍집을 수행해 일본을 다녀왔다. 이때 일본에 머무는 동안 신식군대 창설의 필요성을 절감했고 1882년에는 별기군이 신설되자 훈련원 하도감下都監의 신병대장新兵隊長의 영관이 되었다. 하지만 1882년 6월 임오군란이 일어나자 일본으로 피신했다. 이후 1884년 김옥균이 주도하는 갑신정변으로 개화당 내각의 형조 판서로 임명되었으나 정변 실패로 유배되었고, 갑오개혁 때 군부대신으로 있던 중 춘생문 사건에 가담, 실패하자 상하이로 망명했다. 1910년 일본 정부의 남작 작위를 받았다.

69 조선시대에 정5품 이하의 당하관을 통틀어 이르던 말.

70 조선시대 사헌부의 종6품 관직.

71 1843~1884. 조선 말기의 문신. 1880년 수신사 김홍집 일행에 사헌부 감찰로서 반접낭청伴接郎廳에 임

지석영 친필 서한 서울대학교병원 소장

전 낭청 강상姜瑺

반당伴倘[72] 전 낭청 지석영池錫永[73]

김순철金順哲

별군관 전 현감縣監 김기두金箕斗

출신出身[74] 남직현南稷鉉

한량閑良[75] 임태경林泰慶

명되어 수행했고, 이듬해 다시 수신사 조병호趙秉鎬의 종사관으로 일본에 다녀왔다. 1884년 갑신정변이 일어나자 개화파에게 사대당事大黨의 거물로 지목되어 한규직韓圭稷, 윤태준尹太駿 등과 함께 독립당獨立黨 행동대에게 살해되었다.

72 조선시대에 왕자·공신·당상관의 신변을 보호하기 위해 나라에서 내리던 병졸. 병조에서 위계에 따라 인원을 배정해 임명했다.

73 1855~1935. 조선 말기의 의사 및 국어학자. 1880년 수신사 김홍집의 수행원으로 일본에 건너가 일본 위생국에서 두묘痘苗 제조법과 독우犢牛 채장법採漿法 등을 배우고 귀국한 뒤 서울에서 적극적으로 우두를 실시하는 한편 일본 공사관 의관으로부터 서양 의학을 배우기도 했다. 1882년 임오군란이 일어나자 일본에서 종두법을 배워 왔다는 죄목으로 체포령이 내려 일시 피해 있다가 정국이 수습된 후 불타 버린 종두장種痘場을 다시 열어 종두를 보급했다.

74 조선시대에 무과에 급제하고 아직 벼슬에 나서지 못한 사람.

75 조선 후기에 무과 합격자로서 전직前職이 없던 사람.

향서기鄕書記 오인섭吳麟燮,[76] 박상식朴祥植[77]

통사通事 박기종朴琪淙,[78] 박인순朴仁淳, 하기윤河奇允

행중고직行中庫直[79] 장한석張漢錫

사노자使奴子(사내종) 익환翌煥, 수영壽榮

절월수節鉞手 진업이陳業伊, 신쾌진申快辰

일산군日傘軍 한진이韓辰伊

사령使令[80] 안금생安今生, 최정학崔貞學

나팔수喇叭手 강학이姜鶴伊, 윤시돌尹時突

도척刀尺[81] 노奴 학용學用, 노 만식萬植

주방사환廚房使喚[82] 김기홍金基洪, 전석희田錫喜, 김순길金順吉, 허용이許用伊, 최성구崔聖九, 최만춘崔萬春

공장工匠[83] 3명, 행중노자行中奴子 13명, 교군轎軍 6명

---

76 1844~1918. 조선 말기의 관리. 1880년 수신사 김홍집을 수행해 향서기로 일본에 다녀왔다. 1883년에는 문의관問議官 이조연을 수행해 청나라에 다녀왔다. 1884년 갑신정변 이후에는 적성 현감이 되었다.

77 1845~1882. 조선 말기의 관리. 1880년 수신사 김홍집을 수행해 향서기로 동행했다. 일본에 다녀온 지 2년 뒤인 1882년(고종 19) 세상을 떠났다. 이때 일본에 다녀와서 필사본 1책으로 된 사행록《동도일사東渡日史》를 남겼다.

78 1839~1907. 조선 말기의 사업가. 부산 출신으로서 일찍부터 상업에 종사, 주로 일본 상인들과 거래하면서 일본어에 능통하게 되었다. 이를 바탕으로 1876년 김기수를 중심으로 하는 제1차 수신사 일행에 역관으로 동행했다. 이때 일본의 각종 산업시설과 제도 등의 근대화를 목도하고 조선의 철도 건설 사업과 교육제도의 근대화에 노력했다. 일본 시찰 후 부산 경무관에 있다가 1896년 3월 부산상업학교의 전신인 부산개성학교를 창설하고 기술과 일어교육에 힘썼고, 1898년 5월 한국 최초의 민족철도회사인 부하철도회사釜下鐵道會社를 창설했다. 저서로는《상경일기上京日記》,《도총都摠》이 있다.

79 행중에 건물이나 물품 따위를 지키고 감시하던 사람.

80 조선시대에 각 관아에서 심부름하던 사람.

81 조선시대 일본으로 간 사신의 음식 장만을 위해 딸려 보낸 하인. 중국으로 가는 사신에게는 딸려 보내지 않았다.

82 사환은 관청이나 회사, 가게 따위에서 잔심부름을 시키기 위해 고용한 사람.

83 수공업에 종사하던 장인.

전어관傳語官[84] 우라세 히로시, 스미나가 다쓰야스(住永辰安)

하대 이다(飯田), 가지야마(梶山)

예단증급[85]처禮單贈給處

효고 현령 삼첩지三疊紙[86] 5속, 백목 2필, 백면주 2필, 백저 2필, 별접선 10병, 진묵 10홀, 죽비竹篦[87] 10동, 색필 10지.

효고 일등속 유직태허랑柳直太許郞 백목 1필, 백저 1필, 원선 5병, 접선 5병, 간지簡紙[88] 50폭.

외무경 이노우에 가오루 처處 호피 1영, 표피 1영, 백면주 3필, 백저포 5필, 백목면 10필, 색시전 3축, 색필 30지, 채묵 30홀, 채화석 3립立,[89] 원선 10병.

외무대보 우에노 가게노리 처 표피 1영, 백면주 3필, 백저포 3필, 백목면 5필, 색시전 2축, 색필 20지, 채묵 20홀, 채화석 2립, 접선 10병.

외무소보 요시카와 아키마사 처 표피 1영, 백면주 3필, 백저포 3필, 백목면 5필, 색시전 2축, 색필 20지, 채묵 20홀, 접선 10병, 채화석 2장.

외무대서기 미야모토 오카즈 처 호피 1영, 설한단 1필, 백면주 3필, 백저포 3필, 백목면 5필, 색시전 3축, 원선 10병, 채화석 3장, 진소 20개.

외무권대서기 사쿠라다 지카요시 처 표피 1영, 백면주 2필, 백저포 3필, 백목

84 각 관청에서 통역을 담당하는 관원.

85 곡물이나 옷감, 소금 따위의 예단을 왜인이나 야인에게 나누어 주던 일.

86 백지보다 두껍고 길이와 폭이 크며 비교적 질이 낮은 누르께한 종이.

87 대나무로 만든 빗.

88 두껍고 품질이 좋은 편지지. 흔히 장지壯紙로 만드는데 정중한 편지에 썼으며 같은 장지로 된 편지 봉투에 넣었다.

89 목재의 부피를 나타내는 단위. 두께나 너비에 따라 기준이 다르다.

면 5필, 색시전 2축, 색필 1지, 접선 10병.

변리공사 하나부사 요시모토 처 호피 1영, 백면주 3필, 백저포 3필, 백목면 10필, 황밀 10근, 색필 30지, 채묵 30홀, 원선 10병, 채화석 5장.

구 쓰시마 도주 소 시게마사 호피 1영, 백면주 3필, 백저포 5필, 백목면 5필, 색시전 3축, 색필 30지, 색묵 10홀, 진소 10개, 접선 10병, 원선 10병.

대장경 호피 1영, 설한단 1필, 백목면 3필, 경광지 3속, 접선 10병, 진소 20개, 백저포 2필.

공부경 호피 1영, 설한단 1필, 경광지 3축, 접선 10병, 진소 20개, 백저포 3필, 백목년 2필.

대서기 와타나베 고키(渡邊洪基)[90] **처** 면주 2필, 저포 2필, 목면 3필, 시전 2축, 묵 10홀, 필筆 10지, 접선 5병.

내무경 표피 1영, 면주 2필, 저포 2필, 목면 3필, 필 10지, 묵 10홀, 진소 10개.

해군경 표피 1영, 백면주 2필, 저포 2필, 목면 3필, 시전 2축, 필 10지, 묵 10홀.

육군경 표피 1영, 백면주 2필, 저포 2필, 목면 3필, 시전 2축, 접선 5병, 진소 10개.

작作 저포 2필, 백목 2필, 백면지 2속, 색필 10지, 묵 10홀, 접선 5병, 진소 10개.

---

90 1848~1901. 메이지시대의 관료. 사토 카이(佐藤舜海)에게 의학을 배웠고, 후쿠자와 유키치(福澤諭吉)에게 서양 학문을 배웠다. 메이지유신 이후 1871년 이와쿠라 사절단을 수행했고, 귀국 후 외무성에서 근무했다. 1880년 외무대서기관으로 기록국장에 임명되었으며, 이후 도쿄 부 지사, 데이코쿠 대학 총장, 오스트리아 공사, 귀족원 위원 등을 역임했다.

뢰瀨 백면주 2필, 저포 2필, 목면 3필, 백면지 3속, 필 30지, 묵 10홀, 원선 5병.

영永 백면지 2필, 저포 2필, 목면 3필, 백면주 3속, 필 30지, 묵 10홀, 원선 5병.

외무속外務屬 무라미쓰 지로(村滿次郞) 처 저포 1필, 목면 1필, 백면지 2속, 접선 5병, 필 10지, 묵 10홀.

동同 다카스 겐조(高須謙三) 백면주 1필, 저포 2필, 목면 3필, 백면지 3속, 필 30지, 묵 10홀, 접선 10병.

동 다카스(高洲) 백면주 1필, 저포 2필, 목면 3필, 백면지 3속, 색필 10지, 묵 10홀, 접선 10병.

동 가지야마 신스케(梶山新介) 백면주 1필, 저포 2필, 목면 3필, 백면지 3속, 색필 10지, 묵 10홀, 접선 10병.

접接 외무일등속 엔도 이와오 백면주 1필, 목면 2필, 백면지 3속, 화포華布 2필, 접선 5병, 진소 5개.

접 외무십등속 오타 후사야(太田芳也), 하라 요시야(原吉也) 및 외무일등 외 일등 야다 노부사다(矢田信定), 모리 시게요시(森鎭義) 등 합 4인 각각 저포 2필, 백면지 2속, 접선 5병, 진소 5개.

외무하대 4명 및 협동協同하대 2명 합 사환 6명 각 목면 1필, 접선 3병, 진소 5개.

혼간 사 표피 1영, 저포 2필, 목면 5필, 백면지 5속, 색필 10지, 묵 10홀, 접선 10병, 황랍黃蠟[91] 10근.

---

91 꿀벌의 집에서 꿀을 짜내고 찌끼를 끓여 만든 기름덩이.

외무성어자御者[92] 2명 각각 목면 1필, 접선 5병, 원선 3병.

마부(馬丁) 4명 각각 접선 3병, 원선 1병, 진소 5개.

고립雇立[93] 하대 4명 각각 접선 3병, 진소 3개.

하대 이다, 가지야마 각각 목면 1필, 접선 3병.

답서계答書契[94]

이번에 경진년 5월에 온 편지를 접수했는바 우리 정부의 예조참의 김홍집을 파견하며 이 답방의 도리를 갖춰 보내심에 열어 보고 귀 정부의 친목을 펼치는 뜻에 대단히 감사드립니다. 김사金使(김홍집)는 사태를 잘 살피고 정확하게 문제를 찾아내 사체事體[95]를 잘 알고 있으므로 양국이 흡족한 좋은 결과를 기대할 수 있게 하리라 생각됩니다. 별록하는 수세에 대한 일은 일찍이 메이지 12년 7월 대리공사 하나부사 요시모토로부터 심沈 판서에게 조회한 서장書狀에 의해 잘 알고 계시겠거니와 양국이 수시로 회동해 수정하기에 이른 데 의미가 있는 바 이번에 다시 이 뜻에 따라 당해當該[96] 사신과 마주해 협상에 이르게 되기를 바라며 그가 돌아온 뒤에 분명한 진술이 있게 되기를 비는 바입니다. 귀국의 강녕을 기원하며 아울러 태감의

---

92 무성 마차를 부리는 사람.

93 사람을 돈을 주고 부림.

94 원문은 일본어로 적혀 있고, 다음과 같은 한문 번역본이 함께 실려 있다.
茲接庚辰年五月間來函 以我政府派遣 禮曹參議金弘集 庸寓回謝之義 披閱之下 深感貴政府重申親睦之意. 金使溫恭精覈事體 善洽兩國之歡 良可敬也. 至別錄收稅事 宜曾於明治十二年七月 代理公使花房義質 照會貴國沈判書文內 備悉兩國可以隨時會同訂立 今復以此意面商於該使 其回旌後 想必有所陳述 庶可炳照 茲祈貴國康寧 幷頌台祉. 敬具. 明治十三年九月

95 일의 이치와 정황.

96 바로 그 사물에 해당됨을 나타내는 말.

만복을 송축하는 바입니다.

메이지 12년 9월 7일 대일본국 외무경 이노우에 가오루 인印

대조선국 예조 판서 윤자승 합하

별지別紙

경계敬啓합니다.[97] 지난번 미국 사신선使臣船이 귀국에 통신하고자 해 우리 정부에 대신 문건을 전달하도록 부탁했으나 이번에는 원봉元封에 준한다고 거절당한 바 있어서 즉시 사정을 거론해 미국 사신에게 되돌려 준 일이 있었습니다. 지금 해외 각국의 크고 작은 교우 관계를 생각하건대 각국이 주권을 내세우고 이웃에 강요해 국외局外[98]에서는 침략을 막으려고 오로지 나라의 문호를 폐쇄하고 관계를 단절해 우호적으로 교역하는 나라는 거의 드뭅니다. 청이 강제로 이웃을 탐내는 것을 보십시오. 그들이 동쪽을 살핀 지 이미 하루 이틀이 아닌데 지난번 중국과 러시아가 시끄럽더니 사세事勢가 날마다 절박해져서 거의 무력 충돌에 이르렀으니, 이를 바라보는 우리 두 나라는 관련되는 바가 대단히 커서 자리에 편안히 앉아 있을 수가 없습니다. 만약 하루아침에 이권을 빼앗기면 우리 양국은 끝내 피해를 입게 될 것이니 귀국이 스스로 문호를 닫고 국외자局外者가 되기는 쉬운 일이 아니리라 생각됩니다. 이에 귀국에 바라는 바는 장래에 외인外人이 오게 되면 그들은 온화한 마음으로 예의를 갖춰 국교를 요구함이 의당

97 삼가 말씀드리다. 한문 투 편지의 첫머리에 쓰는 말이다.
98 어떤 일에 직접 관계가 없음. 또는 그런 지위나 처지.

한 일인데 경계를 나누지 않고 서로 얽히려고 할 것입니다. 비가 오지 않으면 편리하고 이익이 되는 바가 많아 나라는 평안해질 것이니 우리 양국만의 행복은 이뿐만이 아닐 것입니다. 김사의 행차에 임해 충고가 되도록 상세히 진술했으니 그가 귀국한 후에 귀국 정부에서 힘써 해결하시기만 빌 뿐입니다. 오로지 이것으로 정성을 펴시고 만사형통하시고 다복하시기를 빕니다.

메이지 13년 9월 7일 대일본국 외무경 이노우에 가오루 인

대조선국 예조 판서 윤자승 합하

서간書柬 왕복

외무경 이노우에 가오루 합하에게 수신사 김홍집이 여름비가 내리는 때를 맞이해 태감 체후體候 다복하심을 기원하며 송축합니다. 김홍집은 명을 받들고 바다를 건넜는데 마침 신우薪憂[99]가 있어 아직 찾아뵙지 못했으니 얼마나 죄송한 일입니까? 내일 찾아뵙고 귀 성에 서계를 올리고자 이에 앞서 보고드리니 양지해 주시면 다행이겠기에 재결裁決해 주시기 바랍니다.

7월 7일 김홍집

99 부신지질負薪之疾에서 온 말로, 피로로 누적된 병이라는 뜻.

외무대보에게서 온 편지

귀 사신이 내일 우리 외무경을 만나겠다고 알려 주셨는데 경이 마침 밖에 나가고 없어서 본관本官[100]이 만나 서계를 접수하겠으니 오전 11시에 본 성에서 기다리겠습니다. 답장을 받들어 올립니다.

외무경에게서 온 편지

서간으로 진술해 알려 주신 일은 귀하가 이번에 수신사의 직함으로 도착하신 취지를 황제폐하께서 보고받으시고 마음으로부터 불러 보실 생각으로 특별히 생각하신 바 있어서 귀하를 내알현內謁見할 수 있게 되었으니 이에 따라 부탁 올릴 취지를 제출하기 위해 오는 8월 30일 오전 11시에 아카사카 고쿄에 명함名銜을 지참하소서.

7월 23일

문견聞見

●요즈음 일본 인사 둘은 아시아가 부진하고 유럽이 방자하게 멋대로 하는 데 분개해 귀천貴賤을 논함이 없이 함께 모여 회사 하나를 만들었는데 사명社名을 흥아회興亞會[101]라 했으며 중국 공사와 명사들이 모두 참여

---

[100] 관직에 있는 사람이 공식적인 자리에서 자기를 이르는 일인칭 대명사.

[101] 도쿄에 거주하는 중국과 일본의 지식인이 모여 삼국이 동맹해 서양 세력에 맞서자는 취지로 세운 사설 단체였으나, 실제로는 일본 정부의 지원을 받았다. 이후 중국 출신 지식인들은 바로 탈퇴했다.

했다고 한다. 그 회장의 이름은 다테 무네나리(伊達宗城)[102]인데 지난해 중동화약 정세 때 전권대신專權大臣이라 하며 우리나라 모임에도 아울러 참여하려 한다고 한다.

●우대신 이와쿠라 도모미란 사람은 지난해 사쓰마(薩摩) 사람 사이고 다카모리(西鄉隆盛)[103]가 우리나라를 침공하려 할 때 창의倡義[104]하여 돕다가 칼을 맞았으나 살아났다고 한다.

●대장경 사노 쓰네타미와 참의 이토 히로부미 역시 우리나라를 위하는 주론자主論者인데 수차 내방해 모두 러시아(俄羅斯)는 긴급하고 절박한 기회라고 말했다.

●러시아는 요즈음 두만강 해구에 군함 열여섯 척을 두고 있는데 매 척마다 3000여 병사를 두고 해군경이 거느리며 장차 우리나라 북도北道 해구를 동남東南으로 질러서 중국 산둥 성 해안으로 들어와 곧장 중국을 침범해 조선과 일본으로 가는 길을 단절시키려 한다. 이에 청 공사와 일본 사람들이 몹시 걱정하고 있는데 서양의 영국, 독일, 프랑스와 동양의 미국이 모두 러시아를 두려워해 마치 육국六國이 진秦을 두려워한 것처럼 합종으로 물리치려 하고 있다. 상세의 이해利害에 대해서는 오히려 나머지 일이라고 한다.

●일본이 공사를 각국에 파견 보내 상주시키고 조관朝官[105]과 인사人士

---

102 1818~1892. 메이지시대의 관료. 메이지유신 이후 민부경, 대장경 등을 역임했으며, 1800년 흥아회 회장에 취임했다.

103 1828~1877. 메이지시대의 정치가. 사쓰마 번 출신의 무사로 에도 막부를 타도하고 메이지유신을 성공으로 이끈 유신삼걸維新三傑 중 한 사람이다. 정한론征韓論을 주장했으나 받아들여지지 않아 귀향했다가 정부와의 갈등이 격화되자 세이난 전쟁(西南戰爭)을 일으켰다.

104 국난을 당했을 때 나라를 위해 의병을 일으킴.

105 조정에서 벼슬살이를 하는 신하.

들도 역시 나가 유람하면서 그들의 동정을 살피니 천하의 형세를 훤하게 알 수 있는 것이다. 최근에는 어학語學을 설치하고 각국 언어를 널리 가르치는데 우리나라 어학도 있다. 대개 언어가 불통이면 사기事機[106]와 응변應變을 알 수 없으므로 공사가 와서 상주하고 사람을 파견해 어학하는 두 가지 일을 여러 사람이 간청한다고 한다.

경진庚辰 8월 12일 계초

금년 6월 25일 부산포에서 배가 떠난 경유經由는 이미 치계했거니와, 26일 술시에 야마구치(山口) 현 시모노세키에 정박해 800리 되는 육지에 내려 유숙하고, 27일 해시에 배가 떠나 29일 사시에 효고 현 고베 항에 정박하고 1160리를 배가 작아 대양을 항해하지 못해 큰 배가 오기를 기다리며 여관에 5일간 머물렀습니다. 7월 초4일 술시에 큰 배로 갈아타고 초6일 묘시에 가나가와 현 요코하마에 정박해 1800리 되는 육지에 내린즉 외무성에서 보낸 권대서기관 사쿠라다 지카요시와 속관 야마노조 히로시(山之城裕),[107] 나가이시 하타사다 등이 영접했습니다. 같은 날 화륜차를 타고 95리를 전진한즉 에도 성 바깥 혼간 사여서 그대로 머물렀는데 외무소보 요시카와 아키마사와 변리공사 하나부사 요시모토가 와서 만났고, 초8일 사시에 신은 정관正官 등과 함께 외무성을 예방하니 외무경 이노우에 가오루는 외지外地에 있었고 대보 우에노 가게노리와 소보 요시카와 아키마사,

106 일이 되어 가는 가장 중요한 기틀.

107 원문에는 山之省祐로 표기되었으나, 오기인 듯하다.

공사 하나부사 요시모토, 권대서기 사쿠라다 지카요시 등에게 가지고 온 서 1도度를 전해 주었습니다. 동월 27일 태정대신 산조 사네토미, 우대신 이와쿠라 도모미 및 외무경 이하가 원요관에서 연회를 열었는데 신은 역관과 함께 사예단을 지급할 곳에 해당 수량을 헤아려 지급했으며, 8월 초3일 외무성 회답서계回答書契 1도와 별서계別書契 1도를 수령해 역관에게 맡겨 가져가게 했고, 초4일 에도에서 떠나 11일 술시에 부산진에 돌아와 숙박했기에 연유를 아울러 치계하옵고 잘 받게 되시기를 바라는 바입니다.

광서光緖 6년 8월 12일

도부장계함到府狀啓銜 통정대부 행예조참의 겸 수신사 김金

회환장계함回還狀啓銜 회환回還 수신사 부호군副護軍 김金

별단 초

신은 금년 5월 28일 폐하를 떠나 6월 25일 부산포에서 협동상사協同商社 배 지토세마루를 빌려 타고 26일 축시丑時에 출발해 같은 날 술시에 시모노세키에 도착했습니다. 27일 해시에 배로 달려 29일 사시에 고베 항에 정박했으나 배가 작아 대양을 달릴 수 없으므로 대선大船이 올 때를 기다리며 5일 동안 여관에 머물다가, 7월 초4일 술시에 와카노우라마루(和歌浦丸)[108] 로 바꿔 타고 초6일 묘시에 고베에 정박해서 5일간 머물고 초8일 해시에 지토세마루로 갈아타고 11일 술시에 부산포에 돌아와 정박했습니다. 갔다가 돌아오는 거리를 계산하면 수로 7320리 육로 190리니 삼가 지

108 메이지시대의 여객선. 미쓰비시 회사에서 만들었다.

나면서 보고 들은 바를 갖춰 올리니 살펴보시기 바랍니다.

부산에서 시모노세키까지 나침반은 손사巽巳(동남쪽) 방향을 가리켰는데 해로가 무척 험해 우리 사람들이 수로 중에 으뜸이라 불렀으며, 시모노세키와 고베 사이는 내항內港이 되어 남북으로 좁게 뻗어 이어져 있었고 섬들이 계속 이어져 중화 사람들은 오월吳越의 두강을 지나는 광경과 흡사하다고 했습니다. 고베 동남쪽을 경유해서 해협 밖으로 나와 도토미 주 경에 이르니 하늘과 물이 서로 붙어서 사방을 바라보아도 끝이 없었으며 풍랑이 잠잠해질 때도 오히려 요동이 진정되지 않으니 바로 이른바 태평양이었습니다. 여기서부터 다시 꺾어 동북쪽으로 요코하마에 도착했는데 병자년 이전에는 신행이 이곳을 지난 적이 없었습니다. 그들 말로는 입춘에 앞서 200일 후 수십 일간은 바람과 파도가 가장 심해서 윤선도 역시 다니기 어렵다고 하는데 갔다가 오는 동안 바람과 날씨가 모두 좋아 무사히 잘 다녀온 것은 왕령이 미친 바가 아니라 할 수 없습니다.

처음 도착해 3일 만에 외무성에 가서 서계를 전했는데 외무경 이노우에 가오루는 외지에 있었고 듣자 하니 일간日間 돌아올 것이라 했습니다. 대보 우에노 가게노리가 말하기를 국주國主가 인견할 것이라 했고, 또 말하기를 각 부 장관에게 찾아가 보는 의례가 있으나 우리 사행이 하지 않던 일이라 거절했습니다. 공사 하나부사 요시모토가 또 특별히 와서 간곡히 권하기를 청사도 역시 행한 일이라면서 만약 허락을 받지 못하면 앞으로 교린에 커다란 장애가 있을 것이라며 여러 날 끌었으나 바로 응하지 않았습니다. 하선연下船宴[109]도 역시 아무런 동정動靜이 없으니 이런 소략疏略한

109 일본 사신이 입국한 것을 축하하는 연회.

예절 때문에 와서 피를 보는 모욕을 당하는 것은 맞는 일이 아니므로 7월 16일에 먼저 공묘孔廟에 배례拜禮하고 돌아서 청국 공사를 방문했습니다. 그 이튿날 하나부사와 함께 삼대신三大臣에게 들러 만나니 참의와 각 부의 경이 와서 사례하고 몇 군데 유람도 부지런히 돌며 다녔습니다. 25일에 이르러 국주가 인견하고 26일 외무성 공간公幹, 27일 연요관에서 연회를 했습니다. 그 후 바로 떠나올 수 있었으나 윤선이 다니는 날짜가 정해져 있기 때문에 어쩔 수 없이 기다리느라고 지연되어 이처럼 발이 묶인 채 머물고 있으니 지극히 황송한 일입니다.

정세의 일은 그쪽에서 세칙을 만들어 왔느냐고 먼저 묻기에 다만 양국 정부가 협의하는 일은 가능하니 지방관으로 하여금 영사관과 함께 상의해서 작성하게 하라고 한즉 그가 말하기를 이 일은 대단히 중대해서 전쟁의 실마리가 생길 수도 있으니 사신이라 할지라도 전권專權이 위임되지 않았으면 안 된다고 하므로 다만 중동화약에 의거해 초안을 하나 만들어 돌아가겠다고 답했습니다. 이어서 출입 화물의 시가時價를 동래부 통사들에게 물으니 100개 중에서 다섯 개의 예를 뽑아 쓴다고 해 세금 제도(稅稿) 초안을 만들어 남몰래 공사에게 보여 주었으나 아직 만나 의논하지는 못했습니다.

청국 공사에게서 일본 사람이 지금 증세하고 조약을 고치려고 100개에서 30개를 뽑아 의논 중이란 말을 들었는데 각국에서 아직 허락받지 못한 이유를 비밀히 기록해 그 규례 책자를 보여 주므로 하나부사를 만나 말하기를 앞서 보여 준 초고는 정본이 아니니 귀국의 개약改約이 성사된 뒤에 이 예에 준하겠다고 말했습니다.

후에 외무성 공간에서도 역시 먼저 말했던 바와 같이 말하니 그도 드러

내어 거절하지 못했습니다. 우리가 상무를 잘 몰라서 갑자기 중세하려는 것 같은데 그리하면 사단事端만 늘어나게 되고 우선 몇 년 동안 가볍게 징수하다가 조금 숙련된 뒤에 늘리도록 고치느니만 못할 것이라 했습니다. 미곡에 대해서도 역시 일체 금방禁防하려는 것 같은데 중세해 억지抑止하는 것만 못 하다고 했습니다. 이처럼 중대한 일은 참으로 함부로 결단을 내리기 어려우므로 돌아가서 다시 결정하도록 품의하겠습니다.

청사도 역시 말하기를 이 일은 갑자기 결정할 일이 아니며 받아들임이 많고 적고는 계산할 일이 못 되니 오직 조약할 때 자주권을 잃지 않는 것이 제일 중요한 일이라 했습니다. 개항과 경성京城에 거주하는 등의 일은 처음에는 공석公席에서 발단이 없이 하나부사 요시모토가 단 한 차례 인천 일에 대한 조정의 의논이 여전한지 사사로이 물었을 뿐입니다.

떠나는 날에 이르자 외무경이 와서 작별하면서 말하기를 공사가 10여 일 후에 떠나간다기에 답하기를 사행이 9월 초에 복명하므로 갖춰 상주할 일로 여러 가지 확인하는데 1~2개월 걸리겠으니 공사의 행차는 이 점을 헤아려 조금 늦추는 것이 타당하다고 했더니, 그가 말하기를 다시 상의해 보겠다 했습니다. 요코하마에 도착해 공사를 만나 먼저 한 말을 되뇌고 이어서 공사가 변리로 승진했으니 국서를 휴대해야 하느냐고 하니 병자년에 이미 국서를 휴대하지 않기로 약속했으므로 일후日後에도 역시 외무 서계만 가지고 오는 것이 타당하다고 말했더니 그도 역시 그러려니 했습니다.

러시아는 요즈음 두만강 해구에 군함 16척을 두고 있습니다. 매 척에 해군경이 거느리는 3000여 명의 군병이 있으며 그 의도는 장차 우리나라 동남해를 경유해 중국 산둥 성 해안을 돌아 곧장 북경으로 들어가려는 것이라 합니다. 이 때문에 청사와 일본인이 모두 시일이 절박해 오므로 팔을 괴고 한숨지으며 걱정하고 있습니다. 요즈음 상해공보와 일본신문日本新聞들은 이 일로 논의하지 않는 일이 없으며 만약 일이 있으면 우리나라와 일본이 함께 그 피해를 입고 서양 각국도 역시 모두 러시아를 호랑이처럼 무서워하며 전 세계(宇內)와 합종으로 막으려고 하니 수호통상修好通商의 본뜻이 오로지 여기에 있다는 것입니다.

일본은 공사를 각국에 파견해 상주시키고 또한 조관을 공무가 아니어도 나가 유람하게 하며 그 동정을 살피고 있으므로 세계 형세가 이웃 일 같습니다. 에도에는 요즈음 어학을 설치하고 각국의 언어와 문자를 널리 가르치는데, 이미 조선 학교가 있으니 사기를 모르면서 언어가 통하지 않으면 변화에 대응치 못해 스스로 보전할 수 없다고 합니다. 일본인들은 요새 또 사사로이 한 단체를 열고 청, 일본, 우리나라 3국이 동심동력으로 유럽의 모멸을 받지 않도록 하겠다는데, 외무성에서 공무를 보는 날 이노우에 가오루가 말하기를 오늘날 세계정세를 보면 날마다 변하는데 귀국에서 빨리 공사를 파견해 이곳에 오게 하고 또한 사람을 보내 언어를 배우게 하라면서 이 두 가지 일은 꼭 돌아가 정부에 보고하도록 간청해 마지않았습니다. 청국 공사도 역시 불가불 사신을 파견해 오래 머물러 살게 하라고 말했습니다.

연해沿海 산세는 둘러싸인 것이 많고 고목이 빼어난데 험준하고 웅장하게 빼어난 기상이 없었습니다. 스루가 지경을 지나서 멀리 후지 산을 바라보니 대단히 높고 7월 초인데도 아직 눈이 있는데 그 흔적은 해가 지나도 없어지지 않은 것임을 알 만했습니다. 그 남쪽 섬에는 듣자 하니 화산이 있는 곳을 검은 연기가 휘감고 있으며 밤에 보면 불빛이 있는데 머지않은 거리에서 단연코 볼 만하다고 합니다. 에도를 지나는 해안선은 우리의 영남 울산, 기장 등지처럼 서로 직선이었고 날씨는 열기가 많았습니다. 돌아올 때가 마침 백로白露 절기였는데 배 안이 더워서 견딜 수 없어 사람들이 차와 물에 얼음을 넣어 마셨는데 겨울에도 얼음이 얼지 않아 모두 홋카이도(北海島)에서 실어 와 팔고 산다고 했습니다. 꽤 비가 내리다가 바로 개고 여러 날 장마가 드는 일이 드물며 지진이 많고 몇 달에 한 번씩 자주 있는데, 들은즉 10여 년 전 대지진이 있어서 옥사屋舍와 인축人畜이 큰 손해를 보았다고 합니다.

인물은 남녀가 모두 교묘하고 지혜로우나 성질이 편협해서 깊고 웅위雄偉한 사람이 드물게 보입니다. 재주와 무술은 사쓰마와 나가토(長門) 등에서 국주를 받들고 관백關白을 폐지시켰다고 칭하며 이는 몇 곳 사람이 많았는데 지금은 고관高官으로 함께 나란히 앉아 있습니다. 몇 해 전에는 무장武將이며 사쓰마 사람인 사이고 다카모리가 우리나라를 침범할 의논을 했으나 지금의 우대신 이와쿠라 도모미가 불가하다 해서 사이고의 마음이 편치 않아 그 무리들을 선동해 난을 일으키고 서로 싸우다가 오랜만에 토벌하고 평정했다 합니다.

그 나라 국주는 예로부터 빈 그릇만 싸안고 있고 관백이라 칭하는 장군가將軍家에서 중요한 병권을 장악하고 생사여탈을 자기 마음대로 하며 지낸 지 거의 300년이나 오래되었습니다. 그런데 요즈음 20년 이래 이웃을 강제로 가깝게 교제해 상호 간의 거래 시장을 크게 여니, 시국을 걱정하던 선비가 정령에 막혀 자기주장을 할 수 없어 모멸당하다가 이내 임금을 존중하고 이적夷狄을 물리치자는 공론公論으로 창의해 훌륭히 성취해 내서 인재가 시제時制를 타니 공실公室은 강해지고 사문私門은 막혀 세상에 쌓여

온 유폐流弊를 거론해 손바닥 뒤집듯 경장更張의 변역變易을 일으키니 시사時事가 돌고 도는 것은 역시 자연의 추세趨勢 때문일까요?

지난날의 의절儀節[110]은 허문虛文[111]을 많이 숭상해 존비尊卑가 현격해 상하가 막혔는데 근래에는 자질이 높은 것을 힘써 따르고 좁은 가장자리에 돌아가지 않으니 태정관과 각 부경部卿 이하 여러 집사執事가 날마다 공청公廳에 나가 일처리를 집안일 다스리듯 부지런히 해 오후가 되어야 비로소 관아에서 헤어져 집으로 돌아갑니다. 그들이 행공行公을 하러 나갈 때는 벼슬이 높으면 쌍마차를 타고 추종騶從이 없으며 오직 장상將相의 반열班列만 기병騎兵 4~5명이 칼을 드러내고 호위하고 있습니다.

그 나라 내외 관직은 모두 세습인데 각 주를 번국藩國이라 칭합니다. 메이지 초에 그 국토를 병합하고 66주를 37현으로 해 현에 현령을 두니 우리나라 도백道伯(관찰사)과 같아 직급이 차면 체직遞職하고 인재를 기용합니다. 다만 인재는 화족華族, 사족士族, 평민이 있는데 화족은 종성宗姓과 구 번신藩臣의 일가를 말합니다. 옛날에는 번신과 각 군君에게 그 백성이 부賦를 바쳤는데 재주 없는 농민이 세수歲收의 7할이 공부公賦[112]로 들어갔으나 제도를 개혁한 뒤로는 10 중 3으로 감세되었다가 요새 또 줄여 2분이 되었다는 소식이 있습니다. 또 통상은 공인工人에게 혜택을 줘 후생厚生의 방도가 없이 하기 때문에 놀고먹는 백성이 하나도 없어서 날로 번성한다고 합니다.

육군의 체제는 경외京外에 6진鎭 40영營이 있는데 상시 인원이 3만여 명

110 큰 행사를 치르는 공식적인 의례와 절차.

111 겉만 그럴 듯하고 그 내용이 실속이 없는 글.

112 나라에 바치던 물건과 세금. 넓게는 조세 일반을 뜻하나 좁게는 전세田稅와 공물貢物을 이른다.

이고 연무演武 시에는 앉아서는 격자를 하고 움직이면서는 사율師律[113]을 하는데 이는 새로 본뜬 교련으로 겨우 4개월 되었을 뿐인데 이처럼 할 수 있었습니다. 해군에게는 포선礮船이 24소艘[114] 있습니다. 대개 해군은 영국 체제를 사용하고 육군은 프랑스 체제를 사용하는데 육군은 또 고쳐 네덜란드(阿蘭陀) 법을 따를 것이라 합니다. 그 밖에 경비병(警卒)이 있는데 속칭 순사로 여리閭里[115]에 돌아다니며 묶어서 잡아들이므로 손님이 지날 때 소리 없이 정숙하게 되며 혹 싸우는 일이 있으면 바로 법관法官에게 보냅니다. 그 형법은 때리고 싸우거나 송사로 다툴 때는 반드시 수갑을 채우고 죄가 중한 자는 붉음 옷을 입혀 공소公所에 부역시키고 그 범죄에 따라 연한年限을 길고 짧게 하므로 범죄자가 적어져 거의 옛날 뜻에 가까워졌습니다.

모든 교습은 모두 학교가 있어서 병포兵礮, 주차舟車, 측산測算, 개광開礦, 농상農桑, 기예技藝 등을 가르치는데 전국에 대학구大學區가 7개고 중소구中小區는 이루 헤아릴 수 없으며 부유婦孺들이 취학就學하게 하고 종실宗室과 공경公卿 자녀라 할지라도 모두 있으며 관은 감독하고 교사는 가르치는데 도식圖式과 모양模樣을 만들거나 눈으로 보고 손으로 실습해 학업이 성취되면 여러 국局으로 보냅니다. 국마다 1000여 명 또는 몇백 명이 날마다 일을 잡고 부지런히 민첩하게 게으름 피우지 않고 일합니다. 그 제조製造국에서는 기계와 바퀴를 안 쓰는 데가 없고 만드는 것은 화륜 외에도 물로 치고 자석으로 흡입해 기륜機輪이 되는데 쌀 방아를 찧든지 풀을 자르든지

---

113 군대를 다스리는 법률.
114 배의 수효를 세는 말.
115 일반 민가가 모여 있는 곳.

하는 일도 모두 기계를 써서 품을 줄이고 속도를 빠르게 하고 있습니다.

옛 풍속은 본래 모두 정교하고 깨끗한 것을 좋아해 백성들은 나무를 얽은 시렁에서 많이 사는데 사면이 시원하고 지면과 간격이 떨어져 있으며 판자에 돗자리를 깔아 앉아 있는 방이 작더라도 좁은 땅이 있어서 꽃이나 대나무를 심고 연못에 물고기를 기르고 있으며 사이사이에 산석山石을 꽂아 두는 데도 있고 깨끗이 청소해 먼지가 남아 있지 않았습니다. 남녀가 모두 헐렁한 옷에 넓은 소매의 옷을 입고 속옷을 입지 않아 몸을 깊이 가릴 수 없으며 발에는 나막신을 신었는데 바닥에 굽이 하나뿐입니다. 근년에 와서 국규國規가 모두 서양 제도를 따르고 집은 벽돌로 쌓고 철鐵물받이에 유리로 창窓을 만들었으며, 털가죽 옷과 가죽신을 착용하지만 학교와 관부官府 이외에는 판옥을 많이 사용하고 구식 의복도 역시 그대로였습니다. 비록 조사朝士일지라도 집에 있을 때는 흔히 옛날 옷을 입으며 남아 있는 노인이나 백성들은 세상에 적응하지 못하는 사람이 아직 있으니 경학經學을 이야기하면서 꿋꿋하게 옛 풍속을 지키면서 고치지 않는 사람들이 무척 가상했습니다.

그 나라의 1년 수입은 약 5000만 금金인데 지세地稅, 조세租稅, 관세關稅, 거액巨額이고 철도, 전신과 각국各局 제조 및 주차舟車, 우마牛馬 모두 수입이 있어 백호百戶가 버림받지 않으나 관리의 월봉月俸은 800금에서 12금까지로 균등하지 않습니다. 게다가 양병養兵과 고역雇役은 날마다 늘고 달마다 더해지며 그밖에 관부官府의 경비는 대단히 다대多大한데 나가는 돈이 들어오는 돈보다 많으니 항상 이어 가지 못할 것 같았습니다. 오늘날에는 지폐紙幣를 만들어 당해 내고 있으나 실지로는 허수虛數가 많아 현재 있는 돈의 액수보다 들떠 있으므로 물가는 날로 뛰어오르는 데다가 서양 사람이 가면 반드시 지폐를 던지고 금전金錢으로 바꿔서 돌아가므로 새는 잔을 막을 길 없으니 어떻게 막아 내겠습니까? 무릇 이로우면 반드시 해로움이 있고 성하면 쇠함이 있는 것이 천도天道이니 참으로 인력人力으로는 그 뒤치다꺼리를 잘할 도리가 없는 일입니다.

박상식 연보

1845년(헌종 11)	동래부 읍내면 동부 안민리에서 출생.
	동래부 상급 향리인 부청 선생을 지냄.
1868년(고종 5)	[메이지유신].
1876년(고종 13)	[조일수호조규(강화도조약) 체결].
1876년(고종 13)	[2월 22일 김기수, 제1차 수신사로 임명].
	[5월 8일부터 6월 1일까지 제1차 수신사 일행이 일본에 파견].
1880년(고종 17)	[2월 9일 의정부의 주장에 따라 제2차 수신사 파견 결정].
	[3월 23일 김홍집, 제2차 수신사로 임명].
	5월 28일 박상식, 제2차 수신사행 향서기로 참여, 약 1개월간 도쿄 체류.
	8월 10일 제2차 수신사 일행 귀국.
	8월 15일 《동도일사》 집필 시작.
1881년(고종 18)	[제3차 수신사 일본에 파견].
1882년(고종 19)	병으로 사망.

* [ ]는 주요 사건